紀連海說甄嬛

敍述宮闈祕史 澄清歷史真相

揭祕《後宮甄嬛傳》

「百家講壇」著名主講人 紀連海◎著

目錄

目錄

雍正皇帝到底有幾個皇后

平心而論，流瀲紫率先發布在網路上的《後宮甄嬛傳》是一部非常好看的架空小說，大學裡面學過幾年、而後又在中學教了二十六年歷史的我，對這位八零後的作者不但有著如此深厚的歷史功底，而且還可以把這些歷史知識非常嫻熟地運用到自己的架空小說中，感到非常震撼。當然，更為難能可貴的是，電視劇版本的《後宮甄嬛傳》又非常成功地把這部架空小說穿越到了雍正皇帝這個時代。當然，我們也知道，小說畢竟是小說，電視劇畢竟是電視劇，它們跟曾經發生

雍正皇帝手持如意像

過的真實的歷史本身相比，還是有著非常大的差距的。故而，我們這本書，就是專門來說明它們之間的異同的。

看過《後宮甄嬛傳》第一、二兩集的朋友會發現，這第一集裡有個「孝敬憲皇后」；而第二集裡又說甄嬛與早先過世的「純元皇后」十分相像。這就引發出了下面的三個問題：一是一般而言，清朝的皇帝到底應該有幾個皇后？二是具體到雍正皇帝本人而言，他到底有幾個皇后？三是雍正皇帝是否有個「純元皇后」？

先來回答第一個問題：一般而言，皇帝應該有幾個皇后？

這就得先來看看大清王朝在雍正皇帝之前的這四個皇帝（大汗）的後宮了。

愛新覺羅．努爾哈赤平生娶了十六位女人，當時把這些女人統稱為「福晉」，到了康熙年間，才按照她們的歷史地位，分別追封各種名目的內宮稱謂。被封為皇后一人，元妃一人，大妃一人，太妃一人，繼妃一人，側妃四人，庶妃七人。努爾哈赤的皇后姓葉赫那拉氏，名叫孟古姐姐，是努爾哈赤第六任妻子，共活二十八年，生了皇太極，後來皇太極當上了皇上，「母以子貴」，成為皇太后；元妃姓佟佳氏，名哈哈那扎青，是努爾哈赤第一任妻子，終年三十二歲；繼妃姓富察氏，名為袞代，原嫁努爾哈赤的叔伯哥哥威準，還給威準生了三個兒子，威準死後，富察・袞代轉嫁努爾哈赤。

話說到這兒的時候，您知道了吧，努爾哈赤那個時代，後金政權還沒有皇后呢。

努爾哈赤的兒子愛新覺羅・皇太極平生娶了十五位左右的女人，從取得順序和地位來說，首先是元妃鈕祜祿氏，皇太極的原配，早死；繼妃烏喇納喇氏，後因政治聯姻的需要而退居二線；皇太極稱帝後冊封了五宮后妃，分別是大福晉和日後的清寧宮皇后博爾濟吉特・哲哲，即孝端皇后，這是皇太極生前唯一冊立的皇后；關雎宮宸妃博爾濟吉特・海蘭珠；麟趾宮貴妃博爾濟吉特・娜木鐘；衍慶宮淑妃博爾濟吉特・巴特瑪・璪——她和娜木鐘都是林丹汗的遺孀；永福宮莊妃博爾濟吉特・布木布泰，生子愛新覺羅・福臨（日後的順治皇帝）。

雍正戎裝像

話說到這兒的時候，您知道了吧，皇太極生前，一共只有一位皇后。至於孝莊皇太后，那是因為母以子貴，沾了兒子愛新覺羅．福臨的光，當上了皇太后而已——當然，孝莊皇太后只是愛新覺羅．福臨的皇太后而已，到死也不是皇太極的皇后。

愛新覺羅．福臨平生娶了四十位左右的女人，其中比較重要的有：廢后靜妃，博爾濟吉特氏，順治八年（一六五一）冊為皇后，順治十年（一六五三）被廢；孝惠章皇后，博爾濟吉特氏，順治十一年（一六五四）冊為皇后；孝康章皇后（母以子貴），佟佳氏，康熙皇帝的生母，康熙皇帝繼位後尊為慈和皇太后；孝獻端敬皇后，董鄂氏，順治十七年（一六六〇）薨後，追贈孝獻端敬皇后。

話說到這兒的時候，您知道了吧，福臨生前，一共三位皇后：廢后靜妃、孝惠章皇后和孝獻端敬皇后。孝獻端敬皇后是本人死後才獲此殊榮的。而孝康

雍正孝敬憲皇后烏喇納喇氏（正妻）畫像

章皇后則與前面講過的皇太極的永福宮莊妃一樣，是屬於母以子貴，沾了兒子的光而已。

愛新覺羅．玄燁的女人多得數不清，其中比較重要的有：孝誠仁皇后，赫舍里氏（一六五四—一六七四）；孝昭仁皇后（半年），鈕祜祿氏（？—一六七八）；孝懿仁皇后（一天），佟佳氏（？—一六八九）；孝恭仁皇后（母以子貴），烏雅氏（一六六〇—一七二三）。

再來回答第二個問題：具體到雍正皇帝而言，他到底有幾個皇后？

查閱一下《清史稿．后妃列傳》，

乾隆生母孝聖憲皇后（崇慶皇太后）朝服像。孝聖憲皇后，鈕祜祿氏，四品典儀凌柱之女，十三歲入雍正貝勒府為格格，雍正封她熹妃，後進封熹貴妃，乾隆即位尊為皇太后，乾隆四十二年正月去世。此圖畫孝聖憲皇后坐在鳳椅上，身著朝服，頭戴鳳冠，莊嚴肅穆。繪畫用筆縝密，一絲不苟，設色富麗堂皇，是一幅珍貴的肖像佳作。

我們可以知道，雍正皇帝生前，只有一個皇后，這個皇后就是「孝敬憲皇后」。

在《清史稿》中，對於「孝敬憲皇后」描述非常簡單，加上我們日後添加的標點符號在內，才一百一十七個字。具體是這麼說的：孝敬憲皇后，烏喇納喇氏。滿洲正黃旗，內大臣費揚古之女。元配嫡后。世宗為皇子，聖祖冊后為嫡福晉。雍正元年冊為皇后，九年九月己丑崩。諡孝敬皇后；乾隆、嘉慶累加諡，曰孝敬恭和懿順昭惠莊肅安康佐天翊聖憲皇后。祔葬泰陵。子一，皇長子弘暉，殤。

說到的孝敬憲皇后父親費揚古，我們要注意，費揚古在滿語裡是「老生子」的意思，也譯作費揚武、費揚果、飛揚古。話說到這裡，您就知道，這清朝的歷史上，名叫費揚古的官員，其實有很多個。

這其中，最出名的應該是出生於一六四五年、去世於一七〇一年的、滿洲正白旗人董鄂・費揚古，順治皇帝的皇后的弟弟，擔任領侍衛內大臣、議政大臣的他是康熙手下最為得力的悍將之一。在清王朝抗擊準噶爾部首領噶爾丹的戰爭中，大顯身手的費揚古顯示出了他傑出的才華。但他不是「孝敬憲皇后」的父親。

第二個是護軍統領、滿洲正黃旗人瓜爾佳・費揚古，世居蘇完。祖費英東，父圖賴俱以功封一等公。這個瓜爾佳・費揚古生活在順治、康熙年間。

第三個是烏喇納喇・費揚古（生卒年不詳），滿洲正黃旗人，步軍統領內大臣。雍正皇帝繼位時，不知何年何月出生的烏喇納喇・費揚古早已去世。烏喇納喇・費揚古的女兒早先在康熙皇帝身邊服侍，頗得康熙皇帝喜愛，而拴婚給皇四子。而她的具體的年齡，誰也無法說清楚，因為死時五十多歲，故而有人說她是康熙二十年生，也有說是康熙二十一年生。而且，當時進宮當宮女的途徑要麼是通過選秀留下來而沒有冊封的，要麼是上三旗的包衣。好像沒看到說烏喇納喇氏是哪年選秀的記錄，只說她是在康熙身邊服侍的。烏喇納喇・費揚古的女兒，就是雍正皇帝生前唯一的皇后。

話說到這裡，關於第三個問題——雍正皇帝是否有個「純元皇后」的問題——的結論嘛，自然就輕而易舉地出來啦：既然這大清王朝的歷史上，雍正皇帝生前只有一個皇后，那《後宮甄嬛傳》裡面的「純元皇后」自然就是不存在的啦！

可是，新的問題就隨之出現了：這個「純元皇后」到底是從哪裡來的呢？

其實，我們都知道，《後宮甄嬛傳》是架空歷史的小說，也就是說純元皇后是架空小說《後宮甄嬛傳》的作者流瀲紫本人虛構的，在隨後改編成同名電視劇之後，依託為雍正年間

雍正十二美人圖。據傳即雍正后妃畫像

清音

的事，所以歷史上雍正皇帝並沒有這個「純元皇后」。

不過，這大清王朝的歷史上，還真有死後被加諡號為「純」的皇后，不過這個皇后不是雍正皇帝的妃子，而是雍正皇帝的兒子乾隆皇帝的皇后。大清王朝的歷史上，只有一個孝賢純皇后（一七一二—一七四八），富察氏，乾隆皇帝的第一任皇后，滿洲鑲黃旗人，出身於顯赫的官宦世家，察哈爾總管李榮保的女兒，保和殿大學士傅恆的姐姐。關於這位富察氏皇后，《清史稿》上記載：富察氏皇后恭儉，平居冠通草絨花，不御珠玉。乾隆皇帝對其「每加敬服，鍾愛異常」。乾隆十三年（一七四八），富察氏皇后隨乾隆皇帝東巡，崩於德州舟次。乾隆皇帝深為哀慟，作《述悲賦》悼之。富察氏皇后有兩個兒子：端慧皇太子永璉（一七三〇—一七三八）、哲親王永琮（一七四六—一七四七），兩個女兒：皇長女、皇三女固倫和敬公主（一七三一—一七九二）。

朝鮮歷史上，倒是有個「純元素王后」（一七八九—一八五七），不過，這位朝鮮歷史上的純元王后，跟大清王朝沒什麼關係。

清代如何選秀女

看過《後宮甄嬛傳》第三、四兩集的朋友們一定會對大清王朝的選秀女——注意，是「選秀女」而不是「選秀」——很感興趣。這大清王朝如何選秀女呢？真的像電視劇裡面所描繪的那麼複雜嗎？

告訴您吧，這大清王朝選秀女的活動複雜得很，比電視劇裡所描繪的還要複雜得多呢！清代的后妃制度是在明代后妃制度的基礎上建立起來的。康熙以後，後宮的位號有了具體的規定：一共分了八個等級，其中皇后一名，皇貴妃一名，貴妃兩名，妃四名，嬪六名，另外，地位比較低的貴人、常在、答應等不限人數。當然啦，清朝選秀女是從順治皇帝開始的。

八旗選秀女，每三年一次，由戶部主持。挑選秀女的目的，除了充實皇帝的後宮，就是為皇室子孫拴婚，或為親王、郡王和他們的兒子指婚，重要性自不待言。當然，這些人中雖然也有一部分後來升為妃嬪，但絕大部分都成為後宮妃嬪的使女。

秀女們要走進紫禁城高高的宮牆，必須經過一道道的考察。

首先要嚴格審查旗屬與年齡，不在旗的想參加選秀，勢比登天；在旗的想逃避選秀，也是自討苦吃。順治朝規定：凡八旗官員家中年滿十四歲至十六歲的女子，都必須參加三年一度的秀女挑選，十七歲以上的女子不再參加。乾隆五年（一七四○）進一步規定，如果旗人女子在規定的年限之內因種種原因沒有參加閱選，下屆仍要參加閱選。沒有經過閱選的旗人女子，即使到了二十歲也不准私自聘嫁。乾隆皇帝命令「戶部通行傳諭八旗，所有未經選看之秀女，斷不可私先結親」。根據清宮檔案，到清末光緒年間，參選秀女的年齡，最小的是十一歲，大的可達二十歲。

每到要挑選秀女的時候，先由戶部奏報皇帝，奉旨允准後，立即行文八旗都統衙門，由八旗的各級基層長官逐層將適齡女子花名冊呈報上來，到八旗都統衙門彙總，最後由戶部上

體元殿

報皇帝，皇帝決定選閱日期。

各旗選送的秀女，要用騾車提前送到京城。秀女們抵達京城後，在入宮應選的前一天，坐在騾車上，由本旗的參領、領催等安排次序，稱為「排車」，根據滿、蒙、漢排列先後次序。最前面是宮中后妃的親戚，其次是以前被選中留了牌子、這次複選的女子，最後是本次新選送的秀女，分別依年齡大小排列，魚貫銜尾而行。日落時分發車，入夜時進入地安門，到神武門外等待宮門開啟後下車，在宮中太監的引導下，按順序進入順貞門。

這裡，有兩個問題：一是這個「騾車」，二是這個「門」。

先來說說這個「騾車」。備選的秀女，為

靜怡軒

什麼要坐騾車呢？坐馬車不行嗎？坐驢車不行嗎？坐牛車不行嗎？

您還別說，還真不行。馬，在那個時期，向來是為軍隊所用，算是軍事物資，備選的秀女沒資格坐。驢，這個詞彙也太難聽點兒了吧？備選的秀女不適合坐。牛，向來為農民春耕秋收時所用，算是生產物資，備選的秀女也沒資格坐。

這樣看來，只有騾車，才是備選的秀女適合坐的。

接下來再看看這個「門」。

瞧出來沒有，地安門、神武門、順貞門都在北京的北邊，按照南前北後的順序，都可以稱之為「後門」——知道了吧，這備選的秀女，一路之上走的都是「後門」——這也就是我們通常意義上所說的「走後門」的由來。

宮中的御花園、體元殿、靜怡軒等處，都曾是閱選秀女的場所。一般而言，太后、皇帝和皇后每天只閱看兩個旗的秀女，原則上是先滿洲，次蒙古，最後才選漢軍八旗的女子。通常是五六人一排，供皇帝或太后選閱，但有時也有三四人一排，甚至一人一排的。如有被看中者，就留下她的名牌，這叫做留牌子；沒有選中的，就撂牌子。然後，留牌子的秀女再定期複選，複選而未留者，也稱為撂牌子。經複選再度被選中的秀女，還有四種命運：一是賜予皇室王公或宗室之家；二是留於皇宮之中，隨侍皇帝左右，成為后妃的候選人；三是老年的皇帝諸如康熙、雍正和乾隆三位皇帝在晚年的時候都曾經把選上來的秀女直接賜予自己的兒子；四是個別情況下，也有皇帝把隨身的秀女直接賜予身邊的重臣的——這種情況，在乾隆皇帝在位時期，曾經發生過。

如果秀女已經成為后妃的候選人，手續會更為複雜，初次「引閱」之後，屢屢「複看」，有「記名」的，這是被選中留牌子的；有「上記名」的，這是皇帝親自選中留牌子的。最後，還要經過「留宮住宿」進行考察，在留宮住宿的秀女中選定數人，其餘的都撂牌子。

當「秀女」二字映入人們的眼簾時，人們的直覺是秀女應有沉魚落雁之貌，然而，秀女中有靚麗容貌的實在不多。從一張張清末應選秀女的照片上，似乎很難將這些面孔與任何一個表述美貌的詞彙聯繫起來。

這裡我們就要注意，大清皇室公開的兩條選秀的標準：一是品行，二是門第。清代冊封皇后、妃、嬪的冊文中，常常見到的是「寬仁」、「孝慈」、「溫恭」、「淑慎」，以及「誕育名門」、「祥鐘華閥」等等字眼。其中，門第又有著更為重要的作用。光緒皇帝的皇后隆裕，相貌奇醜，但她是慈禧太后的侄女，因此，她最終也當上了皇后。

被選中入宮的秀女只要到了一定的年齡（一般是二十五至三十歲），如果仍然未被皇帝看中，就可以被放出宮去，如若已經被皇帝看中，那麼一直到死，都不能離開紫禁城半步，只有在深宮高牆內慢慢地度過自己的青春。被皇帝臨幸的秀女均要授以封號，秀女們初得的封號一般是答應、常在、貴人或嬪，以後可逐級晉封。秀女有機會入選皇后，在清代十個皇帝中只存在於順治、康熙、同治、光緒四朝。因為愛新覺羅．福臨、愛新覺羅．玄燁、愛新覺羅．載淳、愛新覺羅．載湉四位都是在尚未成婚的幼年繼承皇位的，而其他六位皇帝除末代皇帝愛新覺羅．溥儀在大清王朝滅亡時還不滿六歲，不能成婚立后外，都是在婚後繼承皇位的，故只能冊立原邸中的嫡福晉（夫人）為皇后。

秀女被選中做皇后，需行大婚禮。屆時，要舉行許多規模隆重的典禮活動。首先，要由翰林院翰林撰寫冊文、寶文，禮部製造金冊、金寶，然後備辦彩禮等，擇吉日派使臣持節到皇后家行具有訂婚意義的納彩禮。迎娶皇后入宮之前，皇帝要再備辦迎親禮物，役使臣持節到皇后家行納徵禮。行冊立禮的前一天，皇帝要遣官告祭天地和太廟奉迎之日，皇帝要具禮服先至皇太后宮行禮，再在裝點一新的太和殿舉行大朝，然後皇帝還宮，正、副使持節去皇后府邸行冊立之禮，並奉迎皇后入宮。在長長的儀仗隊的前導後扈下，鳳輿載著皇后進午門，經太和門、中左門、後左門，乾清門，至乾清宮（順治、康熙時至太和殿階下）停下，皇后步行過交泰殿，入坤寧宮東暖閣大婚洞房，等候吉時與皇帝進合巹宴，行合巹禮。第二天，皇帝、皇后分別去慈寧宮拜見皇太后，皇帝在太和殿舉行慶賀禮，文武百官、外國使臣進表祝賀，皇帝頒詔，布告天下。爾後，皇帝在太和殿，皇太后在慈寧宮設大宴，分別宴請皇后的父親、母親等人並賜禮物。至此，大婚禮才算完結。

清世祖愛新覺羅．福臨是清朝各帝中唯一一個行過兩次大婚禮的皇帝。順治八年（一六五一）八月，愛新覺羅．福臨冊立博爾濟吉特氏為皇后。後因愛新覺羅．福臨認為這位皇后「乃睿王（指攝政王多爾袞）於朕幼沖時，因親訂婚，未經選擇。自冊立之始，即與朕意不協」（《清世祖實錄》），並「處心弗端且嫉刻甚，見貌少妍者即憎惡欲置之死」，「僻嗜奢侈，凡諸服御，莫不以珠玉綺

故宮御花園。御花園位於北京故宮中軸線的最北端，在坤寧宮後方，明代稱為「宮後苑」，清代稱御花園。始建於明永樂十八年（1420），以後曾有增修，現仍保留初建時的基本格局。

繡綴端，無益暴殄，少不知惜」（《御制孝獻皇后行狀》），故於順治十年（一六五三）八月將她廢黜，降為靜妃。第二年六月，愛新覺羅・福臨冊立了第二位皇后，即孝惠章皇后。

後宮妃嬪的等級

看過《後宮甄嬛傳》第五、六兩集的朋友們，一定會注意到下面兩個情節：第五集中，身為貴人、位份較高、住在氣派的咸福宮的眉莊路上巧遇余答應，余答應恃寵而驕，竟讓身為貴人的眉莊給她讓路，眉莊隱忍不發。第六集中，被封為妙音娘子的余答應居然敢把皇帝身邊老人欣常在送進慎刑司。

這裡，就有個問題：大清王朝後宮的等級身分問題。

在康熙皇帝在位時期，有過正式規定——用我們現在的話講，叫做「紅頭文件」。其中含糊其辭地要求：皇后一人，皇貴妃一人，貴妃二人，妃四人，嬪六人。但是，皇帝仍有很大的餘地。因為嬪以下的貴人、常在、答應等，都沒有具體的名額限制，所以皇帝照樣可以隨心所欲地無限擴軍。

宮中皇后、皇貴妃、貴妃、妃、嬪以及宮女等，都是有嚴格等級的。清朝是等級社會，宮中更是等級森嚴。穿衣、配飾、吃飯、喝茶、吃肉、月俸、賞銀、例銀、用具、房間大小等等都有規定。后妃不同等級配給的宮女也是有規定的。總之，從頭到腳，從吃到穿，都有規矩。

孝莊文皇后畫像（史密斯基金協會藏品）

比如，皇太后每年的津貼，累計有二十兩黃金，二百兩白銀；皇后每年的津貼，累計有一千兩白銀，配十二名女傭；皇貴妃每年八百兩銀子，配八名女傭；貴妃六百兩，八名女傭；妃三百兩，六名女傭；嬪二百兩，六名女傭；貴人一百兩，四名女傭；常在五十兩，三名女傭；答應三十兩，兩名女傭。以皇后為例：除了十二名女傭，每年一千兩白銀的津貼之外，分配給皇后的「耐用消費品」還有如下這些：玉盞金台、金方、金茶甌蓋、嵌綠松石金匙、鑲金象牙筷子、銀方、銀盂、銅遮燈、銅簸箕、銀八卦爐，各一個（付）；金執壺、金匙、金雲包角桌子、洋漆矮桌、銀火壺、銀鍋、銀罐、銅提壺、銅八卦爐、銅手爐、銅舀子、錫池、錫火壺、錫裡兒（貯冰用的冰箱）、錫屜鈷、鐵火鉗子，各兩個；銀勺、銀茶壺，各三個；銅瓦高腳燈、錫茶碗蓋、錫背壺、鐵火罩、鐵座更燈、瓷渣斗、羊角把手燈，各四個；金碗、銅簸盤、鐵火爐，各五個；金碟、銅剪燭罐，各六個（付）；銀茶甌蓋、鑲銀象牙筷子、錫壺，各八個（付）；銀碗、銀匙、錫盆、香几燈，各十個；銀背壺十三個；漆茶盤十五個；戳燈二十個；漆皮盒二十五個；漆盒二十六個；銀盤、銀茶壺，各三十個；黃瓷碟四十個；各色瓷碗、瓷碟，各五十個；黃瓷盤八十個；黃瓷碗、杯，各一百個。

知道了吧，大清王朝堂堂正一品大員的祿米才九十石，俸銀才一百八十兩；從九品

胤禛生母恭仁皇后烏雅氏

康熙孝成仁皇后

的官兒祿米只有可憐的十五石，俸銀也只有三十兩——在清朝，當個破官兒，還不如做后妃舒服呢！皇后有如此豐厚的物質待遇，又手握統率數千名「娘子軍」的大權，「姐妹」們當然看著眼紅。能取而代之，再好不過；即便不能，也要各顯神通，盡量從皇上老公身上，多揩一些油水。

宮女的家屬，每月准許進宮看望自己的女兒一次。順貞門外甬道邊上的那排又小又矮的小屋子，就是宮女會見家屬的地方。除了最得寵的宮女要晝夜不離地伺候主子外，一般宮女並不是天天都出來當差的。有三天一次的，有五天一次的，大概越紅的，當值越勤，由每月當差的班次，我們也可以看出該宮女受寵的程度。宮女因為當值，過的都是非常緊張的生活，一點兒休息的時間都沒有，所以輪到休班的時候，她們大都會盡量輕鬆一番。最為顯著的表現便是，早上起床後，擦把臉漱漱口就算完事，既不搽粉弄脂，更不描眉畫鬢，穿的也是隨便極了。要強點兒的宮女，可以學學刺繡、寫寫字、練練書法和繪畫，喜歡玩兒的呢，就打紙牌了。

清軍入關以後，為表示不分彼此，首先表示滿漢可以通婚。清世祖愛新覺羅．福臨，在順治五年（一六四八）宣布，漢族官吏的女子「欲婚滿洲者」，可以登記。清世祖愛新覺羅．福臨自己，為了以身作則，還特地討了漢人戶部侍郎灤州石申的女兒做妃子。根據《永平府志》記載，這位石姓小姐頗受順治皇帝的恩寵，因為她不但被賜居永壽宮，而且還可以穿著漢式冠服，更為重要的是，每當她的母親趙淑人來看她的時候，還可以在附近下轎——「乘肩輿入西華門至內右門下輿入宮」！

清朝第二個皇帝清聖祖愛新覺羅・玄燁的後宮中，也有很多漢姓妃嬪。到了後來，漢姓妃嬪在皇宮中就更加普遍。這其中，最最值得注意的是第五個皇帝清仁宗愛新覺羅・顒琰，他的生母孝儀皇后本姓魏，是他父親清高宗愛新覺羅・弘曆的三個皇后之一（魏后）。據《清實錄》記載，她在一八一八年被兒子特諭於《玉牒》內改書「魏佳氏」，這好像特地掩飾當今聖上已有一半血統是漢族。

在紫禁城內的隆宗門外，坐落一組以慈寧宮為主體的建築群。有人把它稱做紫禁城中的寡婦院。因為這裡原主人便是先皇的后、嬪、妃們。她們當中主要是通過選秀女而入宮的。明清兩代皇帝雖不像唐代「後宮佳麗三千」，但人數並不算少。皇后、皇貴妃、嬪、妃、貴人、常在、答應等，她們都住在乾清宮兩側的東西六宮。

居住方面，嬪以上分居東西十二宮，各有專房，貴人以下則完全沒有專房，只能隨居東西各宮，勤修內職。由此可以看出，不但第五集中的「余答應恃寵而驕，竟讓身為貴人的眉莊給她讓路」這種事基本上沒有什麼可能，就連身為貴人的眉莊，也不可能因為位份較高而住在氣派的咸福宮裡——答應也好，貴人也罷，連自己的居室都沒有，還「恃寵而驕」？

此外，還需要注意的是，清代蓄奴之風盛行，虐待奴婢之風也盛行。康熙初年，大司寇朱之弼在奏疏中說：「八旗僕婢，每歲報部自盡者，不下二千人。豈皆樂死惡生哉？由其平日教不謹而養不備，饑寒切於中，鞭撲加於外，飲恨自盡，勢固然也。」宮女也有類似情況，她們擔負著為皇家奢侈享樂所必需的繁重勞動和雜役，稍有不慎，就要受到嚴懲，甚至被處死。一七七八年冬，宮裡發生了淳妃毒打宮女致死事件，乾隆為了表示反對這種「縱性濫刑，虐毆奴婢」的行為，事情發生的第二天，他在養心殿西暖閣召見諸皇子及軍機大臣，宣布「淳妃即著降封為嬪，以示懲儆；並令妃嬪等嗣後當引以為戒，毋蹈覆轍，自干罪戾」。但是，沒

乾隆婉嬪

乾隆純惠皇貴妃

過多久，他就撤銷了對淳嬪的處分。可見，他對這一事件的處理不過是標榜賢明仁慈，是一種統治權術而已。

由此可以看出，第二集中的「心頭有氣的華妃害死了皇后派來服侍她的宮女福子」這種事情，在大清王朝的前期，還真是可以出現的。

珍妃

一旦皇帝駕崩，按照大清祖制，她們都要搬到慈寧宮居住。這裡的生活可以說是與歡笑無緣，只有在「紅顏暗老白髮新」的清寡單調的生活中了此一生。慈寧宮偶爾也有歡樂，如給皇太后上徽號，冊立后妃以及元旦、冬至、皇太后萬壽節等都要在這裡舉行盛大的慶祝活動。只有這時清王朝的遺孀們濟濟一堂，飲酒作樂。但這樣的活動畢竟一年只有幾天。慈寧宮建築群中的佛堂很多，這些太后、太嬪、太妃們在百無聊賴的守寡期間，焚香禮佛，試圖從那虛無縹緲的佛界中尋求精神安慰和寄託。

話說到這裡，您就知道，恃寵而驕的余答應，竟讓身為貴人的眉莊給她讓路，並居然敢把皇帝身邊的老人欣常在送進慎刑司，這都是不可能發生的事。

果郡王能否私下入宮

看過《後宮甄嬛傳》第七、八兩集的朋友們，一定會注意到下面的情節：甄嬛如約在雨中等著那個自稱「果郡王」的人到來，結果卻失落而回。余答應路過時見到甄嬛，頗感意外。皇帝見過太后便匆匆趕往御花園赴約，卻已人去樓空。

這裡，就有個問題：親王也好，郡王也罷，能否私下進入大清王朝的後宮呢？

清代宮規森嚴，戒律很多。王爺和妃子是很難見面的，就算參加宴會也是男女分開。皇帝宴請王公大臣是沒有女眷的，皇后宴請公主福晉也是沒有王公大臣的。不僅這樣，就連皇帝和先皇帝的太后、太妃、太嬪們，除生身母親外，要見面也是有嚴格的規定。只有當男女雙方年齡都超過五十歲以後才有可能見面。男女授受不親，后妃除了皇帝和太監以外，在宮裡一般是見不到其他男人的。

就連「貼身」的衛士也只能在後宮的宮牆外巡邏，不准踏入宮牆半步。

當然，前朝也有例外。古時帝王很少有被人戴綠帽子的，倒是經常給別人綠帽子戴，而樂於戴綠帽子的恐怕也只有唐中宗李顯一人了。

唐中宗李顯（六五六—七一〇），原名李哲，唐高宗李治第七子，武則天第三子，在六八四年一月二十三日—二月二十七日、七〇五—七一〇年在位。

唐高宗於西元六八三年十二月病死，他於同月甲子日繼位。第二年改年號為「嗣聖」。唐中宗李顯比唐高宗更加的庸懦無能。唐中宗繼位後，尊武則天為皇太后。裴炎受遺詔輔政，政事皆取決於武則天。唐中宗極力重用韋皇后的親戚，試圖組成自己的集團：李顯欲以韋皇后之父韋元貞為侍中（宰相職），效忠於武則天的裴炎以為不可。李顯大怒：「我以天下給韋元貞，也無不可，難道還吝惜一侍中嗎？」裴炎聽後報告了武則天，武則天對唐中宗李顯的舉動大為惱火，西元六八四年二月，繼位才兩個月的中宗被武則天廢為廬陵王，貶出長安。

此後的唐中宗李顯先後被軟禁於均州（今湖北省丹江口市）、房州（今湖北省房縣）十四年。這期間，只有妃子韋氏陪伴，兩人相依為命，嘗盡了人世的艱難。每當聽說武則天派使臣前來，唐中宗李顯就嚇得想自殺。韋氏總是安慰他說：「禍福無常，也不一定就是賜死，何必如此驚恐。」韋氏的鼓勵、幫助、勸慰，才使唐中宗李顯在逆境中堅持著活了下來。因此，唐中宗李顯和韋氏作為患難夫妻，感情十分深厚。他曾對韋氏發誓說：「有朝一日我能重登皇位，一定滿足你的任何願望。」西元七〇五年，唐中宗李顯復位，立韋氏為皇后。

武則天的侄子武三思原來和上官婉兒私通。韋后回宮後，武三思又和韋后私通。更讓人無法理解的是，唐中宗李顯竟然親自安排韋后和武三思幽會，而他本

郎世寧繪允禮像之一

郎世寧繪允禮像之二

人則當面侍候韋后和武三思這一對偷情人。

一個春日困人的日子，午後無事，韋后心中思念武三思，便懨懨地打不起精神。唐中宗李顯十分了解她的心思，便命太監去宣召武三思進宮。韋后見了武三思，頓時笑顏逐開，精神振作，和武三思玩起賭雙陸的遊戲來。唐中宗李顯則在一邊手握籌碼，替他倆計算輸贏。韋后撒嬌弄癡，和武三思傳情，把唐中宗李顯可憐巴巴地撇在一邊。唐中宗李顯到底還有一點廉恥之心，藉著內侍進來奏稱有事，像一條泥鰍一樣溜走了。

韋后淫蕩成性，除武三思外，韋后宮中還養著三個美男子：一個是楊均，原是一個廚子，韋后見他少年英俊，便把他調入宮中，侍候自己；另一個是馬秦客，是御醫，一次偶然進宮替韋后治療感冒，只因他眉目長得清秀，從此以後，韋后有病沒病常把他傳進宮來伺侍；再一個是葉靜，原是馬販子出身，善玩馬技，一年元宵節他在燈會上表演馬技，被韋后看中。這三個人都做了韋后的幕賓，追隨著韋后，不離左右，忠心耿耿。唐中宗李顯對這一切裝作不見，別人知道也不要緊，只是不能說出來，

郎世寧所繪允禮像

否則便會立遭殺身之禍。

武三思早有推翻唐中宗李顯的心思，時時慫恿韋后效仿武后，自立為女皇。還有一個上官婉兒，十四歲起跟隨武則天，久參國政，官居丞相，勢力很大，韋后在謀權上緊緊把她拉在自己身邊。她們互相利用，在中宗身邊，漸漸結成了一個以韋后、安樂公主和上官婉兒為核心的弄權集團，整個軍國大權也就幾乎落到了她們手中。這個集團首先暗殺了起兵擁立唐中宗李顯的張柬之、桓彥範等五位大臣。唐中宗李顯復位後，立兒子李重俊為太子。韋后因為李重俊不是自己所生，對他很不滿意。安樂公主又多次向中宗請求廢掉太子李重俊，立自己為皇太女。太子李重俊不堪韋后的排斥和打擊，更不願坐待廢黜，便鋌而走險，帶領羽林軍三百騎，把武三思殺死在家中。羽林軍知道接奉的是假聖旨，轉過頭來殺了李重俊。

這以後，韋后更加變本加厲地攬權作亂，外有她哥哥韋溫及宗楚客分掌大權，宮內有安樂公主、上官婉兒外，還有韋后的妹妹郕國夫人及上官婉兒的母親沛國夫人等人，共同勾結成為一個營私受賄、買官賣官、獨行亂政、為非作歹的腐朽勢力集團。不久，韋后和安樂公主合謀毒死唐中宗李顯，她們想立唐中宗李顯的兒子李重茂做太子，由韋后主持朝政，像原來的武則天一樣逐漸向女皇過渡。

可惜的是，還沒等她們的計畫實施，唐中宗李顯的弟弟唐睿宗李旦的兒子李隆基就聯合了自己的姑姑、唐中宗李顯的妹妹太平公主，搶先發動了兵變，除掉了韋后和安樂公主等人，最終，唐睿宗李旦復位，做了皇帝。

看到了吧，把某個朝代發生的事，搬到自己的小說或劇本中，這就是架空小說、穿越劇的神奇之處。當然，我們還是應該強調一下，在大清朝，親王也好，郡王也罷，是不能私下進入大清王朝的後宮的。

紫禁城哪裡能淹死人

看過《後宮甄嬛傳》第九、十兩集的朋友們，一定會注意到下面的情節：華妃趁夜深眉莊回宮途中，故意叫人引開眉莊身邊的侍女，獨留眉莊一人在千鯉池旁。華妃身邊太監周寧海把眉莊推入池中，眉莊不懂水性，幾乎淹死。

這裡，就有個問題：千鯉池在哪裡？紫禁城哪裡能淹死人？

紫禁城的周邊，是護城河——這是紫禁城周邊，水最多的地方。偌大的紫禁城內，到處都是房屋，幾乎看不到有水的地方。除了各個院子裡面用於防備火災（那時叫「走水」）的甕裡面盛滿了水之外，再能有水的地方，就只有乾隆花園了。

乾隆花園的結構應該說是三部分。第一部分是古華亭，取這個名字的原因是這裡有一棵古樹——楸樹。這樹已是第四代了，老樹枯死而復生，綿亙了四代。為了欣賞這棵樹，乾隆皇帝在樹的前面蓋了個「古華亭」，還自題楹聯：「明月清風無處藏，長楸古柏是佳朋。」

乾隆皇帝喜歡題詩，走到哪裡，興之所至，隨手留下不少「御詩」、「御題」，並且有幾個為他捉刀的人。但這裡的字應是他自己寫的，顯露出乾隆體那種特有的渾圓的美。

古華亭左邊是禊賞亭，亭裡就是有名的流杯渠。北京只有四處有流杯亭，這裡是其中之一。「茂林修竹」，所以禊賞亭四周欄杆上畫的都是秀竹。亭子的旁邊有小井，太監從井裡用轆轤打上水來，倒在兩隻大缸裡，缸水利用地勢通過管子流到亭內水渠裡，象徵著「曲水流觴」。古華亭右邊是露臺，臺不高，但通過崎嶇的山道盤旋而上，所以顯得有些險峻。臺上只有三四平方米面積，配上很矮的欄杆，看起來似乎就開闊了，顯然這裡有園林專家的一番苦心。

穿過古華亭，進入乾隆花園的第二部分。這是個三合院，正廳叫遂初堂。乾隆皇帝二十五歲登基，做了六十年的皇帝，到八十五歲退位，八十九歲死去。歷代帝王中在位這

左：御花園堆秀山上的御景亭

中：御花園中的四神祠

右：御花園一角。御花園原為帝王后妃休息、遊賞而建，但也有祭祀、頤養、藏書、讀書等用途。園中不少殿宇和樹石都是明代遺物。

麼長久的皇帝沒有幾個人，這促使他更加致力於自己的享受，於是他從乾隆三十六年起，用了很長時間修建這座花園。當時正當乾隆盛世，他躊躇滿志，就給庭院取了「遂初堂」、「符望閣」等這些顯示封建帝王雄才大略的名字。這個院子似乎沒有什麼特色，倒是院中那只用碧玉雕琢的盆景引人入勝。三隻小羊低著頭在山道上走著，顯然也是取「三羊開泰」的意思，從前富貴人家愛取這樣的題材，圖個吉利。

從三合院退出來，打開旁門，走完一條狹長的甬道，就進入乾隆花園的第三部分。這裡有聳秀亭、延趣樓、翠賞樓、符望閣等古老的建築。特別引人注意的是假山頂上那座小亭子，亭子的五根柱子呈梅花形，亭頂的藻井、欄杆上的浮雕都是梅花圖案，亭頂用紫醬、孔雀藍兩色琉璃瓦築成，雖然有些褪色，看上去還是素雅別致。

亭頂上還有個石綠色的寶頂，上面畫的還是梅花。走完假山上彎曲的石階來到亭前，上面有乾隆御筆親題的匾額：「碧螺」。當年康熙皇帝南巡至太湖，巡撫宋犖把洞庭東山碧螺峰產的野茶貢給皇帝喝，康熙為茶葉取了個文雅的名字叫做「碧螺

禊賞亭。亭裡就是有名的流杯渠。

春」。乾隆是以繼承他祖父的事業為己任的，起這個名字既有紀念他祖父的意思，又有取法江南名勝的意思。高山頂上翹立一座亭子，正像湖中田螺悄悄地爬上了水面石頭一樣。這是春天的景色。「碧螺」是春天的名詞，梅花報春，取這個名字，既有皇帝對未來充滿希望的遐想，也有園林專家模仿南方園林勝趣巧妙的構思。

乾隆花園假山重疊，玲瓏剔透，曲徑通幽，生氣盎然，不落俗套，完全是值得一看的。

不過，話說到這裡，您知道了吧：乾隆花園裡面，唯一有水的地方就是禊賞亭及其旁邊的小井。更為重要的是，這個花園是雍正皇帝的兒子乾隆皇帝修的。也就是說，在雍正皇帝那個時期，偌大的紫禁城裡，是沒有辦法找到幾乎可以淹死任何一個人——不管這個人是男是女——的水池的。

除非是水井。日後光緒皇帝的珍妃就是被推進紫禁城裡面的水井裡而被淹死的——不過，珍妃是被推進水井裡淹死的，不是掉進水井裡淹死的。

也有例外。若是在圓明園裡，水池子就多了——那裡淹死人的地方還是有的——比如福海。

果郡王允禮與雍正皇帝到底什麼關係

看過《後宮甄嬛傳》第十一、十二兩集的朋友們，一定會注意到下面的情節：果郡王允禮應詔入宮陪皇帝射箭取樂，其一箭雙鴿的精湛箭術惹動皇帝心中多年的忌諱。允禮察覺出皇帝的不滿和質疑，當即表態自己會韜光養晦般存活於世，遠離朝政。

這裡，就有個問題：果郡王允禮與雍正皇帝到底是什麼關係呢？

先從雍正皇帝繼位之後與眾兄弟的關係談起。雍正皇帝繼位後，就面臨著兄弟們的不滿和挑戰。當時年滿二十歲的皇子共有十五人：即雍正皇帝的大哥允禔、二哥允礽、三哥允祉、五弟允祺、七弟允祐、八弟允禩、九弟允禟、十弟允䄉、十二弟允祹、十三弟允祥、十四弟允禵、十五弟允禑、十六弟允祿和十七弟允禮。

胤禛便裝讀書像

大阿哥允禔，在太子廢立中得罪皇父，被奪封爵，幽禁於府第。康熙皇帝派貝勒延壽等輪番監守，並嚴諭：疏忽者，當族誅。允禔已成為一隻不再見天日的死老虎。雍正十二年（一七三四）死，以貝子禮殯葬。

二阿哥即廢太子允礽，被禁錮在咸安宮。雍正皇帝仍不放心，一方面封其為理郡王，另一方面又命在山西祁縣鄭家莊蓋房駐兵，將允礽移居幽禁。雍正二年（一七二四），允礽死去。

三阿哥允祉，本不太熱心皇儲，一門心思編書，但也受到牽連。雍正皇帝繼位後，以「允祉與太子素親睦」為由，命「允祉守護景陵」，發配到遵化為康熙守陵。允祉心裡不高興，免不了私下發些牢騷。雍正知道後，乾脆將允祉奪爵，幽禁於景山永安亭。雍正十年（一七三二），允祉死。

五弟允祺，康熙親征噶爾丹時，曾領正黃旗大營，後被封為恒親王。允祺未結黨，也未爭儲。雍正皇帝繼位後，藉故削其子的封爵。雍正十年（一七三二），允祺死。

七弟允祐，雍正八年（一七三〇）死。

八弟允禩，是雍正皇帝的兄弟中最為優秀、最有才能的一位。但是，「皇太子之廢也，允禩謀繼立，世宗深憾之」。雍正皇帝繼位後，視允禩及其黨羽為眼中釘、肉中刺。允禩心裡也明白，常怏怏不快。雍正皇帝繼位，要了個兩面派手法：先封允禩為親王——其福晉對來祝賀者說：「何賀為？慮不免首領耳！」這話傳到雍正皇帝那裡，命將福晉趕回娘家。不久，藉故命允禩在太廟前跪一晝夜。後命削允禩王爵，高牆圈禁，改其名為「阿其那」。「阿其那」一詞，學者解釋有所不同，過去多認為是「豬」的意思，近來有學者解釋為「不要臉」。允禩又被幽禁，受盡折磨，終被害死。

九弟允禟，因同允禩結黨，也為雍正所不容。允禟心裡明白，私下表示：「我行將出家離世！」雍正哪能容許允禟出家！他藉故命將允禟革去黃帶子、削宗籍，逮捕囚禁。改允禟名為「塞思黑」。「塞思

果郡王允禮手書武侯祠大殿正匾「名垂宇宙」

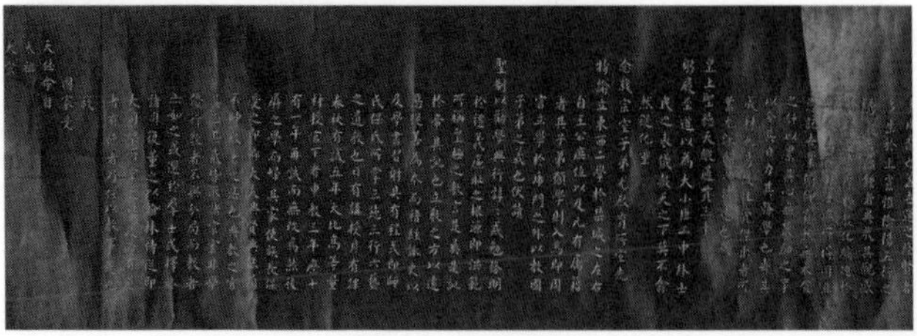

果郡王書《宗學記》

黑」一詞，過去多認為是「狗」的意思，近來也有學者解釋為「不要臉」。不久之後，雍正皇帝就給允禟定下了二十八條罪狀，送往保定，加以械鎖，命直隸總督李紱幽禁之。允禟在保定獄所備受折磨，以「腹疾卒於幽所」，傳說是被毒死的。

十弟允䄉，因黨附允禩，為雍正皇帝所恨。雍正元年（一七二三），哲布尊丹巴胡圖克圖來京病故，送靈龕還喀爾喀，命允䄉齎印冊賜奠。允䄉稱有病不能前行，雍正皇帝命其居住在張家口。同年，雍正皇帝藉故將其奪爵，逮回京師拘禁。直到乾隆二年（一七三七），允䄉才被開釋，不久之後死去。

十二弟允祹，康熙末年任鑲黃旗滿洲都統，很受重用，也很有權，但沒有結黨謀位。雍正皇帝剛繼位，封允祹為履郡王。可隨後不久，雍正皇帝又藉故將其降為「在固山貝子上行走」，就是從郡王降為比貝勒還低的貝子，且不給實爵，僅享受貝子待遇。不久之後，又將其降為鎮國公。乾隆皇帝繼位後，允祹被晉封為履親王。這位允祹較之其他兄弟氣量大，一直活到乾隆二十八年（一七六三）才最終離開人世，享年七十八歲，是康熙皇帝的所有兒女當中壽命最為長久的。

十四弟允禵，雖與雍正一母同胞，但因他黨同允禩，又傳聞康熙皇帝臨終前命傳位「胤禛」而雍正黨篡改為「胤禛」，所以二人成了不共戴天的冤家兄弟。雍正皇帝繼位，先是不許撫遠大將軍允禵進城弔喪，又命其在遵化看守康熙皇帝的景陵，雍正四年（一七二六），再將其父子禁錮於景山壽皇殿左右。乾隆皇帝繼位後，將其開釋。

十五弟允禑，雍正四年（一七二六），雍正皇帝命其替代允禵守景陵。雍正八年（一七三〇），允祉代替允禑守陵，允禑則回京被晉封為愉郡王，雍正九年（一七三一）二月初一，允禑病死，活了三十九歲。

境遇比較好的有三人：就是其十三弟允祥、十六弟允祿和十七弟允禮。電視連續劇《後宮甄嬛傳》中，因為沒有關於允祥和允祿的介紹，這裡也就從略。單說允禮。

愛新覺羅．胤禮（一六九七—一七三八），清康熙皇帝第十七子，雍正皇帝異母弟，母庶妃陳氏即純裕勤妃。其初行次為第二十七。旗籍正紅旗。胤禮自幼從學沈德潛，豁達識體，不參與皇權之爭。工書法，善詩詞，好遊歷，四川名山大川皆布其足跡。雍正皇帝胤禛即位後，為避名諱，除自己外，其他皇兄弟都避諱「胤」字而改為「允」字排行。因此又作「允禮」。雍正皇帝在位時期，允禮曾祕密奏請蠲免江南諸省民欠漕糧、蘆課、學租、雜稅允准，因而獲「秉性忠直」、「存心寬厚」、「實心為國」、「盡心竭力」、「操守亦甚清廉」之讚譽。

允禮從九歲開始隨駕巡幸，至康熙謝世無封。雍正元年（一七二三）正式「封十七阿哥允禮為多羅果郡王……」管理藩院事務，正黃旗蒙古都統事務，鑲藍旗漢軍都統事務，兼署右翼前鋒統領，並賜白銀一萬兩。第二年又兼管鑲紅旗滿洲都統，並在是年八月初八日祭大社大稷，允禮往替皇帝行禮。初九日，允禮代皇帝祭孔。此後不久，雍正諭宗人府：「著加怡親王俸銀一萬兩，果郡王著照親王給與俸銀俸米。」

允禮畫雍正像

雍正四年（一七二六），允禮奉旨兼管鑲藍旗蒙古都統並負責稽查國子監事務。

雍正六年（一七二八），晉為和碩果親王。至此，正黃旗蒙古都統、鑲紅旗滿洲都統、鑲藍旗漢軍都統和鑲藍旗蒙古都統四職，由允禮一人兼任。

雍正七年（一七二九），允禮奉命管理工部事務。

雍正八年（一七三〇），允禮奉命總理戶部三庫事務。

雍正十一年（一七三三），允禮奉命管理宗人府事。

雍正十二年（一七三四），允禮奉旨遠行泰寧會見格桑嘉措。

雍正十三年（一七三五），藏曆的正月初一日（藏曆春節），西藏地方政府在惠遠寺舉辦宴會，宴請允禮、章嘉。宴畢，允禮向格桑嘉措宣旨。閏四月初一日，允禮回京。五月二十五日，雍正皇帝命允禮攜寶親王弘曆與和親王弘晝共同辦理苗疆事務。

您說，雍正皇帝在世的時候，真的曾經——哪怕只有一天——擔心過允禮造反篡權嗎？允禮真的曾經——哪怕只有一天——韜光養晦般存活於世，遠離朝政嗎？

華妃的祕密

看過《後宮甄嬛傳》第十三、十四兩集的朋友們，一定會注意到下面的情節：甄嬛一舞豔驚四座，更得聖寵。豈料華妃早有準備，藉驚鴻舞與《樓東賦》婉轉復寵。人人都以為皇帝憐憫華妃是二人情深意濃，甄嬛卻何嘗不知，皇帝此舉意在利用年氏一族協助自己來穩固大清的江山。

這裡，就有個問題：歷史上真有華妃這個人嗎？雍正皇帝到底愛不愛華妃呢？

您還別說，這歷史上，還真有華妃這個人——只不過，當時的她，不叫華妃。

敦肅皇貴妃年氏，湖北巡撫、後加太傅、一等公年遐齡之女，原授一等公、撫遠大將軍、川陝總督年羹堯之妹也。年氏於康熙四十八

雍正敦肅皇貴妃年氏

年（一七〇九）左右由康熙指婚為雍正側福晉，《清史稿・后妃列傳》載其「幼嬪藩邸」時估計十二三歲左右。康熙五十四年（一七一五）生雍正第四女，康熙五十九年（一七二〇）生皇七子福宜，康熙六十年（一七二一）生皇八子福惠，雍正元年（一七二三）生福沛。從她首次生育到去世，包攬雍正皇帝所有子嗣，其他后妃妻妾無人可及，深得雍正的喜愛。雍正元年（一七二三），年氏晉封為貴妃，年齡最小，但地位卻僅次於皇后烏喇納喇氏。而和她在藩邸並肩的另一位側福晉李氏，入府比她早，年齡也比她大，卻只封了齊妃。

雍正皇后烏喇納喇氏和敦肅皇貴妃年氏陵墓

年氏本來身體就很虛弱，雍正就說過她「體素羸弱」。她在懷皇九子福沛時，不免動了胎氣，導致難產，結果，福沛生下來是個死胎。她自己的身體也是一落千丈。

雍正三年（一七二五）十一月，年妃病重，八日壬寅，因「皇考升遐倏周三載」而必須謁祭景陵的世宗皇帝，自北京郊外圓明園起駕趕赴河北遵化，年貴妃「不懌」請留，未能隨行。十四日戊申，皇帝一路長途跋涉，回鑾京城，準備冬至祭天大典。此際百端待理，萬務紛紜，皇帝猶對病勢已亟的貴妃「深為軫念」，十一月十五，下旨將其封為皇貴妃。十八日壬子，郊祭甫一結束，皇帝即停免次日太和殿百官朝賀，於當日馬不停蹄地返回圓明園。接下來一連五日，除十九日甲午發出關於各省緝盜與蠲免江南四縣賦稅的兩道上諭之外，《起居注》上再不見任何與皇帝處理政務相關的記載。但是年妃沒等到加封之禮，二十三日薨，諡號為敦肅皇貴妃。皇帝輟朝五日舉行皇貴妃喪禮，在皇貴妃喪禮期間，雍正激動不快的情緒在《漢文諭旨》等文獻均應可窺端倪，輟朝期五日之內，竟然因同一件事發怒大罵廉親王與兵工戶部官員兩次（二十五日、二十七日），並將禮部官員從尚書到侍郎等四人「俱降二級」。

雍正在冊書中充分肯定了年妃的品性，稱她：「秉性柔嘉，持躬淑慎。在藩邸時，事朕克盡敬慎，在皇后前小心恭謹，馭下寬厚平和。朕在即位後，貴妃於皇考、皇妣大事悉皆盡心力盡禮，實能贊儴內政。」並且也暫時緩和了對年羹堯的處分。

年妃死後，留下皇子福惠。雍正對此子十分寵愛，甚過別的皇子。雍正六年，八歲的福惠也去世了。雍正十分傷心，下令「照親王例殯葬」。年過十八歲的弘曆和弘晝連貝子都不是，乾隆追封福惠為親王時，就說過：「朕弟八阿哥，素為皇考所鍾愛。」證明了雍正寵愛福惠是弘曆等兄弟所深知的。

綜合來看，年妃的一生，多少還是受了她的哥哥年羹堯的影響。但以雍正皇帝對她的評價和對她所生兒子的喜愛，還是能看出雍正皇帝對年妃，還是很有感情的。

太醫能往哪裡逃

看過《後宮甄嬛傳》第十五、十六兩集的朋友們，一定會注意到下面的情節：眉莊遭人陷害，被宮女茯苓當眾揭破假孕真相。雍正皇帝勃然大怒，下令幽禁眉莊，並降「貴人」為「答應」。與此同時，茯苓慘遭滅口，死無對證；太醫劉畚被人收買，攜賞銀躲過追殺，連夜出逃，僥倖逃脫。

這裡，就有個問題：太醫和御醫到底什麼關係？出了事之後，他們能往哪裡逃？

御醫和太醫，是早期國家體制下的醫生的職務稱謂之一，專門服務於皇帝及皇帝宮廷中的家眷，直接聽命於皇帝、指定的大臣（包括皇帝身邊的掌事太監）、娘娘等，間接聽命於其他后妃、皇子等。

一般而言，皇帝都會禮賢下士，在大臣得了重病之際，會命御醫負責調治。也有將御醫贈予重要的功高勳著的大臣，短期或者永久貼身保健治療的。比如，晚清一品經略督臣傅振邦，在其連連解圍邊疆吃緊戰事、每克必勝、救國朝於危難之際，由於陣前督戰腕部受重傷後，同時還在肩負國家重任，皇帝便賜御醫專門負責他的傷病及健康。到了後來，皇帝還另賜御廚，與御醫共同負責治療和保健工作。

御醫和民間醫生的區別：夏商周時代，有關醫事的記載很少。從這些現存的資料中看，醫生首先出現在宮廷中。在西周之前，醫生都是為帝王服務的御醫；到了東周春秋以後，一些民間醫生才開始產生；戰國時期，可以看到有關太醫、太醫令的一些記載，從而才對宮廷御醫和民間醫生有了一個初步明確的劃分。

御醫和太醫的區別：御醫院在清代叫太醫院，所以御醫確實被人們尊稱為太醫，但是被尊為「太醫」的絕大多數都不是御醫。真正的御醫是極少極少的。正如為官者常被人稱為「老爺」，而被稱為「老爺」者不一定是做官的。為了弄清這個問題，讓我們首先來看看《清史稿．職官志》中關於太醫院的記載：

太醫院的大夫分四個級別，第一等叫「御醫」，只有十三人。雍正、乾隆時期為七品，和縣令一個級別。第二等稱為「吏目」，只有二十六人，八品與九品各十三人。第三等叫醫士，共二十人，「給從九品冠帶」。第四等叫「醫生」，有三十人，無品，相當於現在醫院裡的助理醫師。

從嚴格的意義上說，太醫院的「御醫」只有第一等大夫十三人，連院長、兩位副院長在內才十六人。即使從最廣義的意義上說，十六加二十六，加二十，再加三十，太醫院的大夫總共只有九十二人。太醫院的「御醫、吏目、醫士」這三級五十九位大夫是可以獨立看病的，也就是說，有處方權；第四級的「醫生」看來只能當助手。「醫生」的「生」字，是「生員」的意思，「醫生」是見習大夫。

歷史上御醫的職責：歷史上關於御醫的叫法很多，各朝各代都有所不同，職責分工也各不相同，從最初的醫巫共侍皇上，到後來越來越龐大的太醫院，為皇宮貴族提供醫療服務的人們已經形成了一個龐大的組織，跟我們今天的一個綜合醫院差不多。在這個組織中，御醫也進一步有了更細化的角色，有做管理的，有專為皇上診脈的，有採藥製藥的，有嘗藥的，還有負責記載處方、整理檔案的。

在御醫中還有一群人，他們不是太醫院裡的御醫，他們有的已經是朝中官員，有的是在民間行醫。由於他們出色的醫術被世人傳頌，皇室因此經常會請他們給自己治病，他們是皇帝欽點的御醫。通常這群「欽點御醫」治癒的都是疑難雜症，治療的手段都非同一般，其中許多醫案都成了後人傳頌的佳話。

御醫的一舉一動，都關乎皇帝的安危，因此即便他們地位低下，但是一旦能夠治癒皇宮貴族的病，得到皇族的信任，那他們就能享受無盡的榮華富貴；然而也可能僅僅因為一個小小的診治失誤，抑或是皇上的一念之差，這些榮華富貴就會在一夜之間消失殆盡，甚至還要付出生命的代價——一句話，你無路可逃。

誰來養活皇帝的子女

看過《後宮甄嬛傳》第十七、十八兩集的朋友們，一定會注意到下面的情節：宮女報知曹貴人女兒溫宜公主吐奶，帝后等人頗感意外。華妃發覺皇帝格外愛惜溫宜公主，於是心生一計，命曹貴人抱來溫宜由她撫養，一方面為爭寵，並彰顯自己的賢德；另一方面好方便其進一步控制、打壓曹貴人。

這裡，就有幾個問題：雍正皇帝到底有幾個女兒？華妃能否養育別人的孩子？

首先需要聲明的是，雍正皇帝本人有四個親生女兒，但都出生於他本人當皇子的時候，而且這四個孩子除了一個長大成人之外，都很早就死了。也就是說，因為公主吐奶導致被華妃抱去撫養，這事根本沒有發生過。

除此而外，還需要說明的是，雍正皇帝還有四個抱養的女兒，其實這四個孩子都是雍正皇帝的哥哥或兄弟的孩子，而且也都出生於一七一四年以前——也就是說，到雍正皇帝即位之時，她們已經不吃奶了。

這回我們再來分析一下華妃能否養育別人的孩子這一問題。因為不但理論上是可以的，而且大清王朝的歷史上也是一直這麼做的。

首先，需要明確的是，清代嬪妃中嬪以下是沒有資格撫養自己的孩子的。我們以康熙的兒子也就是雍正這一代人來做簡要說明。

大阿哥胤禔出生後，一開始不是納喇氏撫養的，因為那時她只是個庶妃，是在內務府大臣噶禮家養著的，直到後來康熙冊納喇氏為惠嬪，胤禔才回到宮中。

三阿哥胤祉是送到內大臣綽爾濟那裡去養的，也是差不多的原因。不過也有人說是因為康熙不喜歡小時候的胤祉，後來榮妃封妃後也回來了。

雍正是給貴妃佟佳氏養的，因為當時德妃烏雅氏也只是個庶妃，再加上康熙極其疼愛貴妃佟佳氏，就給了

康熙八子胤禩

她。後來十二歲時佟佳氏去世，雍正才回到德妃身邊。

五阿哥胤祺是送到皇太后那裡養的，理由是撫慰皇太后的寂寞。

七阿哥胤祐應該也不是生母撫養長大的，只是具體給誰撫養了我們還不太清楚，不過網上有人說是納喇氏，也有人說是宜妃。

八阿哥胤禩是納喇氏撫養的，因為她的生母良妃衛氏身分低賤。

十阿哥胤䄉十歲喪母後由宜妃養大。

十二阿哥胤祹據說養於蘇麻喇姑身邊，理由是撫慰皇太后的寂寞，所以他有一種佛學氣質。

十三阿哥胤祥，十四歲喪母後由德妃養大。

十五阿哥胤禑，據說幼年養在德妃那裡，因為當時密妃王氏為庶妃。

十七阿哥胤禮，養在宜妃那裡，因為當時勤妃陳氏為庶妃。

具體而言，清代嬪以下的嬪妃之所以沒有資格

康熙十四子允禎及福晉畫像

撫養自己的孩子，有以下兩個方面的原因：

第一，與自己的母親分開，讓皇子減少孺慕之情，不要像女人一樣易感傷、軟弱，這也是希望皇子有男兒氣概。

第二，防止外戚專權是很重要的，古往今來這種事例很多，外戚篡奪江山的也是大有人在。所以漢武帝為了防止外戚專權，為了立劉弗陵為太子，不惜殺掉劉弗陵的母親鉤弋夫人，開了一個很不好的頭。雖然後來殺母立子的情況減少了，但這方面清朝有一套很完整的皇子養成、教育體制：皇子生下滿月後就要離開生母，由奶娘撫養，不是特定節日，平時也是甚少見面。

封建統治在繼承人問題和江山問題上，措施也是挺多的，但也導致了皇家無親情，母子之間感情隔閡很大，清朝最典型的就是雍正和同治兩位皇帝，他們與自己生母的感情，都非常淡漠。

年大將軍之謎

看過《後宮甄嬛傳》第十九、二十兩集的朋友們，一定會注意到下面的情節：大將軍年羹堯平定西陲，還朝請安。慶功席上他自恃是朝廷的功臣，霸氣十足，字裡行間透露著不屑，在皇帝面前更加肆無忌憚，根本沒把雍正皇帝放在眼裡。雍正皇帝只得強忍不滿，表面應付年羹堯。

這裡，就有個問題：年羹堯大將軍為何能夠這麼牛呢？

在回答這個問題之前，我們首先要給朋友們介紹一個詞彙：包衣。

努爾哈赤建立後金政權以後，被俘為奴的遼東漢人被稱為「包衣」——也就是家奴的意思。包衣也有「上三旗」、「下五旗」之分，上三旗的包衣隸屬內務府，下五旗的包衣分隸諸王門下。生活在遼東的年羹堯的祖先也淪落成為下五旗「包衣」中的鑲白旗。到

年羹堯

了年羹堯的父親年遐齡的時候，年家歸屬於皇四子胤禛門下。

也就是說，年羹堯大將軍是包衣出身——當然啦，再後來的《紅樓夢》的作者曹雪芹家族，也是包衣出身。

年羹堯，字亮工，號雙峰，生年不詳（一說生於一六七九年）。清朝政府規定，「包衣」家奴也可參加科舉考試！年羹堯自幼讀書，頗有才識。是康熙三十九年（一七〇〇）的進士，授職翰林院檢討。康熙四十八年（一七〇九），年羹堯遷內閣學士，不久又很快升任四川巡撫，成為封疆大吏。到任後，年羹堯很快就熟悉了四川全省的大概情形，採取了很多興利除弊的措施。而他自己也帶頭做出表率，拒收節禮。康熙皇帝對他在四川的作為非常讚賞，並寄以厚望。後來，年羹堯也沒有辜負康熙皇帝的厚望，在擊敗準噶爾部首領策妄阿拉布坦入侵西藏的戰爭中，為保障清軍的後勤供給，再次顯示出了卓越的才幹。

康熙五十七年（一七一八），康熙皇帝授年羹堯為四川總督，兼管巡撫事，統領軍政和民事。康熙六十年（一七二一），年羹堯進京入覲，康熙皇帝御賜弓矢，並升年羹堯為川陝總督，成為西陲的重臣要員。康熙六十年（一七二一）九月，青海郭羅克地方叛亂，在正面進攻的同時，年羹堯又利用當地部落土司之間的矛盾，輔之以「以番攻番」之策，迅速平定了這場叛亂。康熙六十一年（一七二二）冬康熙皇帝病死之後，撫遠大將軍、十四阿哥胤禎被召回京，年羹堯受命與管理撫遠大將軍印務的延信共同執掌軍務。雖然我們說十四阿哥是撫遠大將軍，在前線；但是他的糧草供應可都是川陝總督年羹堯負責的。兵馬未動，糧草先行。儘管你著急上京城，但是我年羹堯不供應你人的糧食、馬的草料。我讓你寸步難行。這樣就有利於雍正皇帝在京城順利繼位。

雍正皇帝即位之後，年羹堯開始受到倚重，和隆科多並稱雍正的左膀右臂。康熙六十一年（一七二二）冬，西北地方發生了羅卜藏丹津的叛亂。雍正皇帝命年羹堯接任撫遠大將軍，駐西寧坐鎮指揮平叛。雍正元年（一七二三）初，年羹堯下令諸將「分道深入，搗其巢穴」。各路兵馬遂頂風冒雪、晝夜兼進，迅猛地橫掃敵軍殘部。在這突如其來的猛攻面前，叛軍魂飛膽喪，毫無抵抗之力，立時土崩瓦解。羅卜藏丹津僅率二百餘人倉皇出逃，清軍追擊至烏蘭伯克地方，擒獲羅卜藏丹津之母和另一叛軍頭目吹拉克諾木齊，盡獲

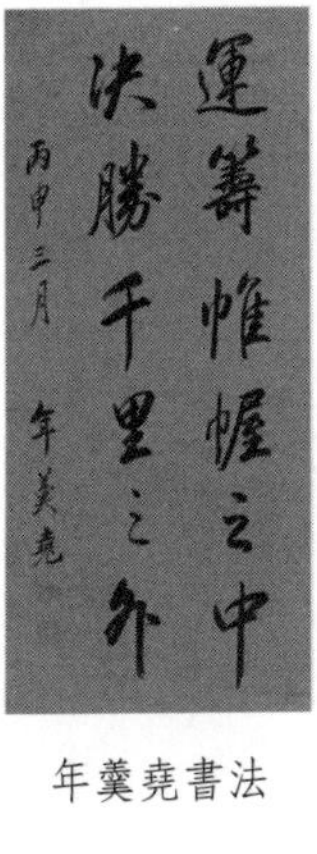

年羹堯書法

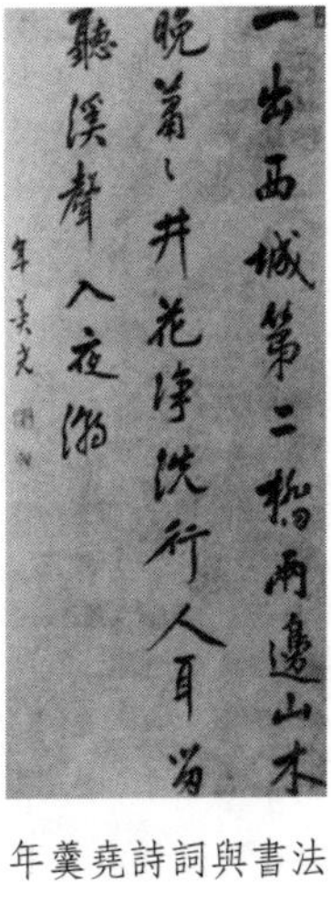

年羹堯詩詞與書法

其人畜部眾。羅卜藏丹津本人因為化裝成婦人而得逃脫，投奔策妄阿拉布坦。這次戰役歷時短短十五天（從二月八日至二十二日），大軍縱橫千里，以迅雷不及掩耳之勢橫掃敵營，犁庭掃穴，大獲全勝。年羹堯「年大將軍」的威名也從此震懾西陲，享譽朝野。半個月時間，那真的叫速戰速決。這才是年大將軍的派頭。

平定青海戰事的成功，實在令雍正皇帝喜出望外，遂予以年羹堯破格恩賞：晉升為一等公。此外，再賞給一等子爵，由其子年斌承襲；其父年遐齡則被封為一等公，外加太傅銜。此時的年羹堯威震西北，又可參與雲南政務，成為雍正皇帝在外省的主要心腹大臣。雍正元年（一七二三）夏，雍正發出上諭：「若有調遣軍兵、動用糧餉之處，著邊防辦餉大臣及川陝、雲南督撫提鎮等，俱照年羹堯辦理。」這樣，年羹堯遂總攬西部一切事務，實際上成為雍正皇帝在西陲前線的親信代理人，權勢地位實際上在撫遠大將軍延信和其他總督之上。雍正還告誡雲、貴、川的地方官員要秉命於年羹堯。

年羹堯不僅在涉及西部的問題上大權獨攬，而且還一直奉命直接參與朝政：他有權向雍正皇帝打小報告，把諸如內外官員的優劣、有關國家吏治民生的利弊興革等事，隨時上奏。他還經常參與朝中大事的磋商定奪。雍正二年（一七二四）冬，年羹堯入京覲見之前，雍正皇帝因其要來，就命各省地方大員赴京集會，四川巡撫蔡珽以沒有可以會商的事務提出不同看法，雍正皇帝又就此向年羹堯徵詢意見。以年羹堯的行止來定其他地方督撫的行動，可見雍正皇帝把年羹堯的地位置於其他督撫之上，以使其政見具有決定性的作用。在有關重要官員的任免和人事安排上，雍正皇帝則更是頻頻與年羹堯交換意見，並給予他很大的權力。

雍正皇帝跟年羹堯的私交也非常好，並且給予特殊的榮寵。雍正認為有年羹堯這樣的封疆大吏是自己的幸運，如果有十來個像他這樣的人的話，國家就不愁治理不好了。平定青海的叛亂後，雍正皇帝極為興奮，把年視為自己的「恩人」，他也知道這樣說有失至尊的體統，但還是情不自禁地說了。為了把年羹堯的評價傳之久遠，雍正皇帝還要求世世代代都要牢記年羹堯的豐功偉績，否則便不是他的子孫臣民了：

> 不但朕心倚眷嘉獎，朕世世子孫及天下臣民當共傾心感悅。若稍有負心，便非朕之子孫也；稍有異心，便非我朝臣民也。

這簡直就是以對年羹堯的態度來判斷人們的正確與否。

至此，雍正皇帝對年羹堯的寵信到了無以復加的地步，年羹堯所受的恩遇之隆，也是古來人臣罕能相匹的。雍正二年（一七二四）冬，年羹堯入京覲見，獲賜雙眼孔雀翎、四團龍補服、黃帶、紫轡及金幣等非常之物。年羹堯本人及其父年遐齡和一子年斌均已封爵；並加一等男世職，由年羹堯次子年富承襲。

看到了吧，年羹堯大將軍之所以能夠這麼牛，那是因為人家真有本事，能夠定國安邦，是雍正皇帝不可多得的朝廷重臣。

宮中害人術

看過《後宮甄嬛傳》第二十一、二十二兩集的朋友們，一定會注意到下面的情節：皇后聽說陵容身體不適，假意探訪，卻發現陵容藏於枕下的祕密——一個身上扎滿銀針的小人（華妃的人偶替身）！

這裡，就有個問題：宮中傷害他人的方法到底有多少種呢？

據我們了解，宮中傷害他人的方法，最主要的就是「巫蠱」。

「巫蠱」，本來是以民間禮俗迷信作為觀念基礎而施行的加害於人的一種巫術形式。「蠱」的本義，大約是以毒蟲讓人食用，使人陷於病害。《說文．蟲部》寫道：「蠱，腹中蟲也。《春秋傳》曰：皿蟲為蠱，晦淫之所生也。」

所謂巫蠱，就是人們用桐木削製成仇人的形象，在上面刻上冤家的姓名，有的插刺鐵針，然後再放到地下或者放在房子裡，日夜詛咒。據他們說，這樣詛咒下去，就可以讓對方遭殃，自己得福。有學者稱此為「偶像傷害術」。

史書中講，這種巫蠱術，在漢代也傳進了皇宮，並且十分盛行。我們都知道漢武帝「金屋藏嬌」的故事。豈不知，這是個悲劇。更重要的，這個悲劇裡面，就有我們要講到的巫蠱。

話說漢武帝娶陳阿嬌為妻後，因為陳阿嬌久婚不育，導致漢武帝轉而寵幸衛子夫。心裡很不平衡的阿嬌，在無奈、無知、怨恨、焦慮的情況下，找了一個女巫，這個女巫叫楚服，她們一起晝夜詛咒衛子夫等這些受漢武帝寵幸的人。但沒有不透風的牆，這件事情很快就暴露出去。漢武帝就重用了他手下的酷吏張湯去審查這個案子，張湯審查這個案子牽扯到三百多個人。最後這個女巫楚服被殺，陳阿嬌被廢長門宮。

多年以後，丞相公孫賀的兒子公孫敬聲，跟衛子夫皇后與漢武帝的女兒陽石公主私通，而且還立祠命巫人在裡面作法，咒詛宮廷。漢武帝大怒，最後公孫賀父子死獄中，滿門抄斬。陽石公主、諸邑公主、衛青之子長平侯衛伉相繼被牽連入內，被殺。漢武帝詔遣宗正劉長樂、執金吾劉敢奉策收皇后璽綬，衛子夫選擇了自殺。漢武帝認為，任安是老官吏，見出現戰亂之事，想坐觀成敗，看誰取勝就歸附誰，對朝廷懷有二心，因此將任安與田仁一同腰斬。漢武帝因馬通擒獲如侯，封其為重合侯；長安男子景建跟隨馬通，擒獲石德，封其為德侯；商丘成奮力戰鬥，擒獲張光，封其為秺侯。太子的眾門客，因曾經出入宮門，所以一律處死；凡是跟隨太子發兵謀反的，一律按謀反罪滅族；各級官吏和兵卒凡非出於本心，而被太子脅迫的，一律放逐到敦煌郡。

《紅樓夢》第二十五回《魘魔法叔嫂逢五鬼，通靈玉蒙蔽遇雙真》中，說趙姨娘買通馬道婆「暗裡算計」鳳姐和寶玉，就使用了這種巫術。馬道婆抓了銀子，收了欠契，「又向褲腰裡掏了半晌，掏出十個紙鉸的青面白髮的鬼來，並兩個紙人，遞與趙姨娘，又悄悄地教他道：『把他兩個的年庚八字寫在這兩個紙人身上，一併五個鬼都掖在他們各人的床上就完了。我只在家裡做法，自有效驗。』」馬道婆做法果然有效驗，「只見寶玉大叫一聲：『我要死！』將身一縱，離地跳有三四尺高，口內亂嚷亂叫，說起胡話來了」。隨後，「寶玉益發拿刀弄杖，尋死覓活的，鬧得天翻地覆」，「登時園內亂麻一般。正沒個主見，只見鳳姐手持一把明晃晃鋼刀砍進園來，見雞殺雞，見狗殺狗，見人就要殺人」。後來，「他叔嫂二人愈發糊塗，不省人事，睡在床上，渾身火炭一般，口內無般不說」。

鄧啟耀《中國巫蠱考察》曾經寫到這種巫術形式在近世民俗中的表現：「用紙人、草人、木偶、泥俑、銅像乃至玉人做被施術者的替身，刻寫其姓名或生辰八字，或取得被施術者身上的一點毛髮、指甲乃至衣物，做法詛咒後或埋入土中，或以針釘相刺，據說，被施術者就會產生同樣的反應：刺偶像的哪個部位，真人的哪個部位就會受到感應性傷害。為了折磨仇家，施術者往往在偶像上遍釘鐵釘並厭以魔鬼偶像，最後才以巨釘釘心，弄死對方。」

我們由此可以看出，「巫蠱」曾經是婦女相互仇視時發洩私憤的通常方式之一。

當然，大清王朝時期，宮內發生「巫蠱」事件，也是有的，只不過，不是在雍正皇帝在位時期，而是在雍正皇帝的父親康熙皇帝在位時期而已：那一次，皇三子胤祉在皇長子胤禔的屋內，發現了廢太子胤礽的偶像。其結果，是廢長子胤禔被關了禁閉，胤礽被重新確立為皇太子。

至於其他害人的方法，基本上是不可能的。我們單以皇帝為例：皇帝吃飯用什麼餐具，是經常有變化的，不是一成不變的。有時候用銀筷子，有時候用象牙筷子等。皇帝用餐之前一般是太監先試吃——當然，妃子是沒有這個待遇的。妃子，特別是重要的妃子，只是單有飯房而已，並沒有每頓飯都由太監先試吃的規矩。

宮中流行什麼病

看過《後宮甄嬛傳》第二十三、二十四兩集的朋友們，一定會注意到下面的情節：初春之際，宮中時疫發作，宮女太監不斷染病，人人自危。溫實初為助甄嬛鞏固地位，苦尋治療時疫的良方。

這裡，就有個問題：造成那個時代「人人自危」的「宮中時疫」到底是什麼病呢？

天花（Smallpox），又名痘瘡，是世界上傳染性最強的疾病之一，是由天花病毒引起的一烈性傳染病，也是到目前為止，在世界範圍被人類消滅的第一種傳染病。

天花病毒繁殖快，能在空氣中以驚人的速

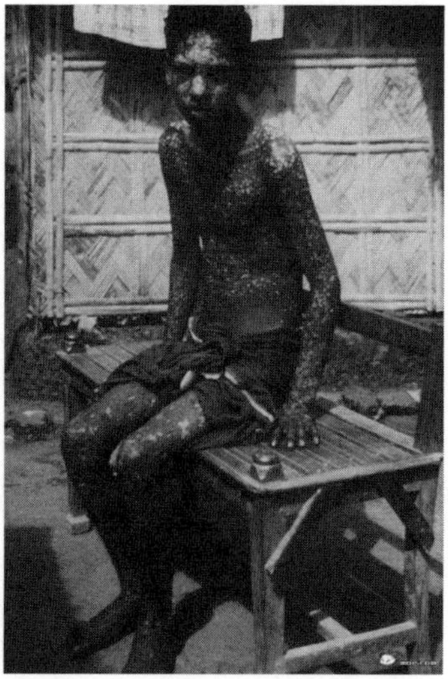

天花病人

度傳播。假設美國奧克拉荷馬州有三千人感染天花病毒，十二天內病毒就會擴散到美國各地，殃及數以百萬人。

天花臨床表現主要為嚴重毒血症狀（寒戰、高熱、乏力、頭痛、四肢及腰背部酸痛，體溫急劇升高時可出現驚厥、昏迷），皮膚成批依次出現斑疹、丘疹、皰疹、膿皰，最後結痂、脫痂，遺留痘疤。天花來勢兇猛，發展迅速，未免疫人群感染後十五到二十天內致死率高達百分之三十。

保存下來的埃及木乃伊身上就有類似天花的痘痕。歐洲天花流行甚為猖獗，在日耳曼軍隊入侵法國時，兵士感染天花，統率者竟下令採取殺死一切患者的殘忍手段，以防止其傳染，結果天花照樣流行，無濟於事。若干世紀以來，天花的廣泛流行使人們驚恐戰慄，談虎色變。英國史學家紀考萊把天花稱為「死神的忠實幫兇」。他寫道：「鼠疫或者其他疫病的死亡率固然很高，但是它的發生卻是有限的。在人們的記憶中，它們在我們這裡只不過發生了一兩次。然而天花卻接連不斷地出現在我們中間，長期的恐怖使無病的人們苦惱不堪，即使有某些

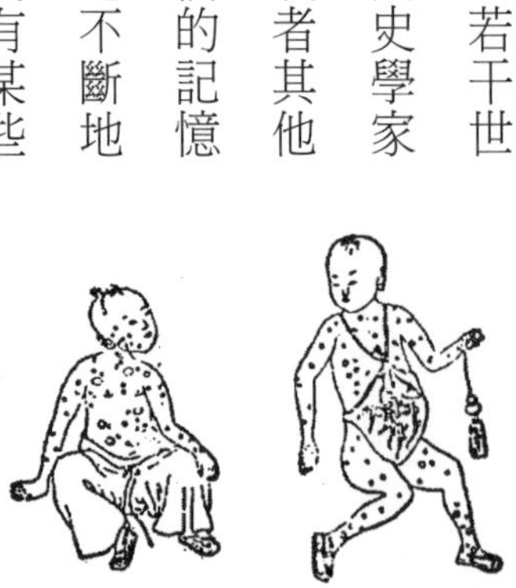

人痘接種術

病人倖免於死，但在他們的臉上卻永遠留下了醜陋的痘痕。病癒的人們不僅是落得滿臉痘痕，還有很多人甚至失去聽覺，雙目失明，或者染上了結核病。」

早在晉代時，著名藥學家、道家葛洪在《肘後備急方》中已有關於天花的記載，他說：「比歲有病時行，仍發瘡頭面及身，須臾周匝，狀如火瘡，皆戴白漿，隨決隨生」，「劇者多死」。同時他對「天花」的起源進行了追溯，指出：此病起自東漢光武帝年間。這是中國也是世界上最早關於「天花」病的記載。書中還說：「永徽四年，此瘡從西流東，遍及海中。」這是全世界最早關於「天花」流行的記載。

中國不僅早就注意天花的治療，而且積極採取預防措施。據清代醫學家朱純嘏在《痘疹定論》中記載，宋真宗（九九八－一〇二二）或仁宗（一〇二三－一〇六三）時期，四川峨眉山有一醫者能種痘，被人譽為神醫，後來被聘到開封府，為宰相王旦之子王素種痘獲得成功。後來王素活了六十七歲，這個傳說或有訛誤，但也不能排除宋代產生人痘接種萌芽的可能性。到了明代，隨著對傳染性疾病的認識加深和治療痘疹經驗的豐富，便正式發明了人痘接種術。

清代醫家俞茂鯤在《痘科金鏡賦集解》中說得很明確：「種痘法起於明隆慶年間

（一五六七－一五七二），寧國府太平縣，姓氏失考，得之異人丹徒之家，由此蔓延天下，至今種花者，寧國人居多。」乾隆時期，醫家張琰在《種痘新書》中也說：「余祖承聶久吾先生之教，種痘箕裘，已經數代。」又說：「種痘者八九千人，其莫救者二三十耳。」這些記載說明，自十六世紀以來，中國已逐步推廣人痘接種術，而且世代相傳，師承相授。

清初醫家張璐在《醫通》中綜述了痘漿、旱苗、痘衣等多種預防接種方法。其具體方法是：用棉花醮取痘瘡漿液塞入接種兒童鼻孔中；或將痘痂研細，用銀管吹入兒鼻內；或將患痘兒的內衣脫下，著於健康兒身上，使之感染。總之，通過如上方法使之產生抗體來預防天花。

由上可知，中國至遲在十六世紀下半葉已發明人痘接種術，到十七世紀已普遍推廣。一六八二年，康熙曾下令各地種痘。據康熙的《庭訓格言》寫道：「訓曰：國初人多畏出痘，至朕得種痘方，諸子女及爾等子女，皆以種痘得無恙。今邊外四十九旗及喀爾喀諸藩，俱命種痘；凡所種皆得善癒。嘗記初種時，年老人尚以為怪，朕堅意為之，遂全此千萬人之生者，豈偶然耶？」可見當時種痘術已在全國範圍內推行。

人痘接種法的發明，很快引起了外國注意，俞正燮的《癸巳存稿》載：「康熙時

（一六八八），俄羅斯遣人至中國學痘醫。」這是最早派留學生來中國學習種人痘的國家。種痘法後經俄國又傳至土耳其和北歐。西元一七一七年，英國駐土耳其公使蒙塔古夫人在君士坦丁堡學得種痘法，三年後又為自己六歲的女兒在英國種了人痘。隨後歐洲各國和印度也試行接種人痘。十八世紀初，突尼斯也推行此法。西元一七四四年杭州人李仁山去日本九州長崎，把種痘法傳授給折隆元。乾隆十七年（一七五二），《醫宗金鑒》傳到日本，種痘法在日本就廣為流傳了。其後此法又傳到朝鮮。十八世紀中葉，中國所發明的人痘接種術已傳遍歐亞各國。西元一七九六年，英國人金納（E. Jenner）受中國人痘接種法的啟示，試種牛痘成功，這才逐漸取代了人痘接種法。

中國發明人痘接種，這是對人工特異性免疫法一項重大貢獻。十八世紀法國啟蒙思想家、哲學家伏爾泰曾在《哲學通訊》中寫到：「我聽說一百多年來，中國人一直就有這種習慣，這是被認為全世界最聰明、最講禮貌的一個民族的偉大先例和榜樣。」由此可見中國發

順治皇帝像。其死因一說是死於天花。

明的人痘接種術（特異性人工免疫法）在當時世界影響之大。

自一九七七年以後，世界上沒有發生過天花。

多鐸、董鄂妃、福臨、載淳，以上四位都是因天花而亡的人，而唯一得過天花卻活了下來的歷史名人就只有清聖祖康熙——愛新覺羅．玄燁。

話說到這裡，您知道，那個時候的天花，有多麼可怕了吧？至於其他種類的傳染病，當時還沒有那麼可怕。

官員的品級

看過《後宮甄嬛傳》第二十五、二十六兩集的朋友們，一定會注意到下面的情節：甄嬛的父親最終由大理寺少卿被貶為都察院御史，位降數級。

這裡，就有個問題：從大理寺少卿到都察院御史，到底是降了幾級呢？

「大理」之意：古謂掌刑曰士，又曰理。大理寺少卿，官職名。大理寺，官署名，設少卿二人，文職，正四品。相當於現代的最高法庭，掌刑獄案件審理。秦漢為廷尉，北齊為大理寺，歷代因之，清光緒三十二年（一九〇六）改大理寺為大理院。置正卿、少卿為主官，下有刑科、民科推丞各一人，推事二十五人，餘有典簿廳都典簿、典簿、主簿及錄事。附設總檢察廳，有廳丞一人，檢察官六人，以及主簿、錄事、看守所所長等。仿西方司法獨立，規定其職權為解釋法律，監督各級審判，並為最高級的審判機關，與舊大理寺僅有審核權不同。司法行政，則另設法部。辛亥革命後，北洋政府亦以司法部為最高司法行政機關，大理院為最高審判機關。大理院設院長一人，民事與刑事各若干庭，每庭設庭長一人，推事若干人。大理院審判不服高等裁判廳第二審判而上訴的案件及依法屬於大理院特別許可權的案件。總檢察廳與大理院相配設置，獨立行使權力。國民政府改大理院為最高法院，檢察部門亦附設於內，不獨設。

御史是中國古代一種官名。先秦時期，天子、諸侯、大夫、邑宰皆置，是負責記錄的史官、秘書官。國君置御史，見《史記．滑稽列傳》：「執法在傍，御史在後。」大夫置御史，見《史記．孟嘗君列傳》：「孟嘗君侍客坐語，而屏風後常有侍史，主記君所與客語，問親戚居處。」邑宰置御史，見《戰國策．韓策三》：「安邑之御史死章。」自秦朝開始，御史專門為監察性質的官職，一直延續到清朝。《漢書．百官公卿表》：「監御史，秦官，掌監郡，漢省。」漢朝御史統歸御史台領導，按職掌分為侍御史和治書侍御史，東漢末改刺史為州牧之前，漢朝的刺史也是監察官，也是御史的一種。三國時，曹魏於殿中省置殿中侍御史，掌記錄朝廷動靜，糾彈百官朝儀。西晉，御史名目很多，開後代專門職務御史的先河，有督運御史、符節御史、檢校御史等。隋唐改檢校御史為監察御史，與殿中、治書兩侍御史並立。

都察院，明清時期官署名，由前代的御史台發展而來，主掌監察、彈劾及建議，明清兩代最高的監察、彈劾及建議機關。明洪武十五年（一三八二）改前代所設御史台為都察院，長官為左、右都御史，下設副都御史、僉都御史。又依十三道，分設監察御史，巡按州縣，專事官吏的考察、舉劾。

清初仿明制，於崇德元年（一六三六）五月設立都察院。皇太極下諭：「凡有政事背謬，及貝勒大臣有驕肆侵上，貪酷不法，無禮妄行者，許都察院直言無隱。即所奏涉虛，亦不坐罪；倘知情蒙蔽，以誤國論。」順治初年又規定：「凡朝廷政事得失，民生利弊，以時條上，百官有奸貪污績，亦得據實糾彈。」可見，清代的都察院其職能與歷朝的御史衙門差不多。都察院初設承政一人，左右參政各兩人。順治元年（一六四四）改承政為左都御史，參政為左副都御史。三年規定左副都御史滿、漢各兩人。五年則定左都御史滿、漢各一人。右都御史，為總督兼銜。右副都御史為巡撫、河道總督、漕運總督兼銜，都不設專員。左都御史是都察院的主管官員，《清史稿．職官志》說：「左都御史掌察核官常，參維綱紀。」清代都察院為從一品衙門，一般御史二十六人。

《清史稿．職官志》說：「十五道掌印監察御史，初制，滿洲、漢軍三品，順治十六年改七品。康熙六年升四品，九年復為七品。雍正七年，改由編、檢、郎員授者正五品。由主事、中、行、評、博授者正六品。乾隆十七年並定從五品。」

我們由此可以看出，從文職正四品的大理寺少卿二人降至御史，到底降了幾級，還得看是哪位皇帝在位：若是康熙六年，那就屬於平級調動；若是順治十六年或是康熙九年，那就是連降三級；若是雍正七年以後，就是只降一級而已。

本來無朝無代的架空小說《後宮甄嬛傳》被嫁接到了雍正年間，但並沒有說明上述這段故事到底發生在雍正七年之前還是之後，故而我們暫且沒有辦法回答這個問題：甄嬛的父親從大理寺少卿到都察院御史，到底是降了幾級。

血滴子的秘密

看過《後宮甄嬛傳》第二十七、二十八兩集的朋友們，一定會注意到下面的情節：雍正皇帝提到江慎、江誠兩位太醫收受宮女太監賄賂，毫無醫德可言，甄嬛藉機舉薦溫實初，並告知皇帝治療時疫的方子乃二江竊取而來，皇帝起了殺意，派手下血滴子暗中除掉二江。

這裡，就有個問題：血滴子到底是什麼呢：機構、暗器、人？

傳說中的神祕武器血滴子

血滴子是中國傳說中始於清朝雍正時期的一種兵器。傳說雍正皇帝組織了一支以血滴子為武器的特務暗殺隊，隊員也因而被人稱為血滴子。雖尚未能證明其真實性，但卻散見於各類稗官野史與民間傳奇中，近世也作為電影與戲劇的題材而登上螢光幕，成為一種家喻戶曉的神祕武器。

血滴子的確切形貌眾說紛紜，最廣為人知的說法是一種笠形或鐘形的罩子，頂端繫有索鍊，罩子的開口外緣環布著一圈鯊鰭形鋼刀，使用時一手抓住索鍊，一手將血滴子拋向敵人，血滴子會像飛盤一樣不斷旋轉，配合環狀鋼刀便猶如會飛的圓鋸一般，而血滴子的操作者則利用索鏈控制方向與收回。在有些影視作品中，血滴子飛行時會配以如扯鈴一般的嗡嗡聲。除此之外，當血滴子罩住敵人的頭部時，操作者還可藉著索鍊控制開口內緣的環狀鋼刀向內收合，立刻便能取下敵人首級。

也有傳說是雍正皇帝時的一種毒藥。

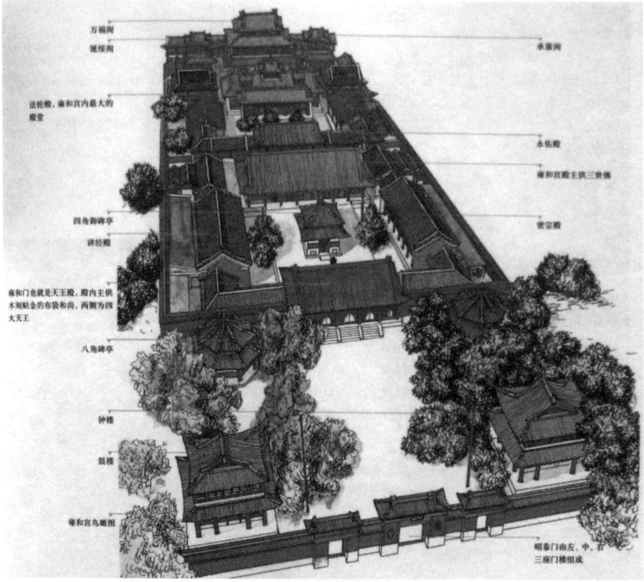

雍和宮鳥瞰圖。雍正的特務機構粘杆處就設在這裡。

在清代十三朝中，雍正皇帝是一位施行恐怖、苛嚴政治的強權統治者，關於他的流言蜚語在民間廣為流傳。在世人眼裡，這位皇帝奪位前老謀深算，即位後冷酷無情。他屢興大獄，文網森嚴，廣布耳目，令人談虎色變……凡此種種，都為他的統治蒙上了一層詭祕的色彩。「血滴子」最早究竟出自何處，不可確考。但有一點可以肯定，類似的藝術構思起到了引導社會輿論和借古諷今的作用。

雍正能登上寶座，除了本人工於心計和有一套政治手腕外，還得力於他有一個訓練有素的情報組織。這個組織便是「粘杆處」。

顧名思義，「粘杆處」是一個專事黏蟬、捉蜻蜓、釣魚的服務組織。雍正還是皇子時，位於北京城東北新橋附近的府邸內院長有一些高大的樹木，每逢盛夏初秋，繁茂枝葉中有鳴蟬聒噪，喜靜畏暑的胤禛便命門客家丁操杆捕蟬。康熙四十八年，胤禛從「多羅貝勒」被晉升為「和碩雍親王」，其時康熙眾多皇子間的角逐也到了白熱化的階段。胤禛表面上與世無爭，暗地裡卻制定綱領，加緊了爭儲的步伐。他招募江湖武功高手，訓練家丁隊伍，這支隊伍的任務是四處刺探情報，剷除異己。

雍正登上皇位後，為了鞏固專制統治，也為了酬謝黨羽，在內務府之下設立了「粘杆處」機關。「粘杆處」的頭子名「粘杆侍衛」，是由有功勳的大特務擔任的。他們大多是雍正藩邸舊人，官居高位，權勢很大。粘杆處的一般成員名「粘杆拜唐阿」，統稱「粘杆拜唐」，由小特務充任。他們都是內務府包衣人，屬未入流，薪水不高，但每天跟隨雍正左右，炙手可熱。

「粘杆處」表面上是伺候皇室玩耍的服務機關，實則是一個特務組織。小說中所謂的「血滴子」大約指的就是粘杆處的這些人。不難推想，雍正是把政敵比做魚、蟬、蜻蜓一樣的小動物來撒網捕捉、加以控制的。

「粘杆處」雖屬內務府系統，總部卻設在雍親王府。雍正三年，雍正降旨雍親王府改為雍和宮，定為「龍潛禁地」。但奇怪的是改制後的行宮並未改覆黃色琉璃瓦，殿頂仍覆綠色琉璃瓦，有人認為：雍和宮雖為皇帝行宮，曾經有一條專供特務人員祕密來往的通道。當時的雍和宮其實是一個森嚴的特務衙署，為了不致祕密外洩，才改府為宮。還有一種傳說：在雍和宮已找不到任何地下通道的痕跡了，很可能雍正的兒子乾隆為了消除其父留下的不良遺跡，改雍和宮為喇嘛廟時，已加以徹底翻修，將之平毀無痕。

「粘杆處」在紫禁城內還設一個分部，御花園堆秀山「御景亭」是他們值班觀望的崗亭。山下門洞前擺著四條黑漆大板凳，無論白天黑夜，都有四名「粘杆侍衛」和四名「粘杆拜唐」坐在上面。雍正交辦的任務，由值班人員迅速送往雍和宮，再由雍和宮總部發布命令派人辦理。雍正去世後，乾隆皇帝繼續利用「粘杆處」控制京內外和外省大臣的活動，直到乾隆死後，「粘杆處」的特務活動才逐漸廢弛。

真正在江湖上出現過的血滴子，是類似拳指套的東西，開刃，用於拳術格鬥，也被女子帶在身上防身，因其兩片合起來的時候組成一個血滴狀物品，故被稱為血滴子。

皇帝怕過誰

看過《後宮甄嬛傳》第二十九、三十兩集的朋友們，一定會注意到下面的情節：皇帝顧及朝政與年羹堯的勢力，不能依甄嬛所願殺掉華妃，甄嬛心灰意冷。年羹堯得知妹妹華妃失寵後上書諫言，向雍正皇帝直言冷落妹妹會使年氏一族寒心，令其地位不穩。皇帝處於兩難境地。這裡，就有個問題：清朝的雍正皇帝怕過年羹堯嗎？

在歷史上，雍正皇帝開始討厭年羹堯，主要就是前面我們介紹過的雍正二年（一七二四）冬年羹堯第二次進京陛見為導火線的。

在赴京途中，他令都統范時捷、直隸總督李維鈞等跪道迎送；到京時，黃韁紫騮，郊迎的王公以下官員跪接，年羹堯安然坐在馬上行過，看都不看一眼；王公大臣下馬向他問候，他也只是點點頭而已；更有甚者，他在雍正皇帝面前，態度竟也十分驕橫，「無人臣禮」；年羹堯進京不久，雍正皇帝獎賞軍功，京中傳言這是接受了年羹堯的請求；又說整治阿靈阿

（皇八子胤禩集團的成員）等人，也是聽了年的話。這些話大大刺傷了雍正皇帝的自尊心。

年羹堯結束陛見回任後，接到了雍正皇帝的諭旨，上面有一段論述功臣保全名節的話：「凡人臣圖功易，成功難；成功易，守功難；守功易，終功難。……若倚功造過，必致反恩為仇，此從來人情常有者。」在這個朱諭中，雍正改變了過去嘉獎稱讚的語調，警告年羹堯要慎重自持，此後年羹堯的處境便急轉直下。

雍正皇帝是如何對付年羹堯的呢？

雍正皇帝對年羹堯的懲處是分步逐漸進行的。

第一步是在雍正二年十一月年羹堯陛見離京前後，此時雍正皇帝已做出決定，要打擊年羹堯。年羹堯離京後接到的那份朱諭就是對他的暗示。

第二步是給有關官員打招呼。一是雍正皇帝的親信，要求他們要與年羹堯劃清界限，揭發年的劣跡，以爭取保全自身；一是年羹堯不喜歡的人，使他們知道皇帝要整治年羹堯了，讓他們站穩立場；一是與年羹堯關係一般的人，讓他們提高警惕，疏遠和擺脫年羹堯，不要站錯了隊。這就為公開處治年羹堯做好了準備。

第三步把矛頭直接指向年羹堯，將其調離西安老巢。

到了雍正三年正月，雍正皇帝對年羹堯的不滿開始公開化。年羹堯指使陝西巡撫胡期恒參奏陝西驛道金南瑛一事，雍正皇帝說這是年任用私人、亂結朋黨的做法，不予准奏。

在處置年羹堯的問題上，最為賣力氣的官員是誰呢？蔡珽，奉天正白旗人，一六九七年的進士（比年羹堯早三年）。蔡珽與年羹堯結怨在康熙皇帝在位時期，主要有兩次：

蔡珽與年羹堯的第一次結怨：根據中國第一歷史檔案館編的《雍正朝起居注冊》記載，蔡珽與年羹堯的第一衝突發生在康熙末期。當時儲位之爭日趨激烈，雍正也參與其中，並且為了擴展自己的勢力，想在大臣翰林中培植親信，年羹堯作為雍正府邸之人，留意此事，向雍正推薦了聲望頗高的蔡珽。並誇口說：「臣傳王諭，伊必來效力行走。」未料到年羹堯在一七二一年去請蔡珽，卻遭到蔡珽拒絕，於是年羹堯對蔡珽開始抱有成見，而蔡珽的出任四川巡撫又使這一矛盾衝突進一步激化。

蔡珽與年羹堯的第二次結怨：一七二二年秋，不知道是什麼原因，康熙皇帝卻突然「急特簡」蔡珽前往四川出任四川巡撫，年羹堯仍為四川總督。這一決定，改變了年羹堯一手遮川的局面。根據清代李紱的《穆堂初稿》、清代錢儀吉的《清代碑傳全集》和《雍正朝漢文硃批奏摺彙編》所記載的材料綜合分析，我們得知蔡珽既不與年羹堯一黨；又無意與年羹堯交結。起初其「忽聞西行，（心內）悵然失所」，根本不願來川；且其聲望又極高，時任「翰林院掌院學士」，「文學諸臣歸重」，不可能趨附年羹堯；而其個性也是「素負才而專己」，更不可能對年羹堯俯首貼耳。因此從各方面判斷，蔡珽都不能見容於年羹堯，且會與之分庭抗禮；而年羹堯也不願接納蔡珽，更不甘心失去他在四川獨專的地位。因此蔡珽在任期間，年羹堯利用手中的權力，尋找一切機會「羅織必欲扳扯」，試圖把蔡珽從四川巡撫任上排擠下去，恢復獨專局面。

就在這個時候，一七二二年冬，康熙皇帝病死了。年羹堯迎來了他生命中最為輝煌的時刻。此後的形勢逐漸變得越來越對年羹堯有利了。此後，年羹堯彈劾四川巡撫蔡珽威逼所屬知府蔣興仁致死，蔡珽因此被罷官，經審訊後定為斬監候；而年羹堯的私人王景灝得以出任四川巡撫。蔡珽被押到北京後，雍正皇帝不同意刑部把他監禁起來，反而特地召見他。蔡珽陳述了自己在任時因對抗年羹堯而遭誣陷的情況，又上奏了年羹堯「貪暴」的種種情形。雍正皇帝於是傳諭說：「蔡珽是年羹堯參奏的，若把他繩之以法，人們一定會認為是朕聽了年羹堯的話才殺他的。這樣就讓年羹堯操持了朝廷威福之柄。」因此，雍正皇帝不僅沒有給蔡珽治罪，而且升任他做了左都御史，成為對付年羹堯的得力工具。蔡珽擔任左都御史，那形勢肯定就越來越不利於年羹堯了！

金縷衣的祕密

看過《後宮甄嬛傳》第三十一、三十二兩集的朋友們，一定會注意到下面的情節：陵容一朝得寵，炙手可熱，更得御賜金縷衣。

這裡，就有個問題：金縷衣，是人穿的衣服嗎？

《金縷衣》本是中唐時的一首流行歌詞。據說元和（八〇七—八二〇）時鎮海節度使李錡酷愛此詞，常命侍妾杜秋娘在酒宴上演唱（見杜牧《杜秋娘詩》及自注）。歌詞的作者已不可考。有的唐詩選本逕題為杜秋娘作或李錡作，是不正確的。《金縷衣》：「勸君莫惜金縷衣，勸君惜取少年時。花開堪折直須折，莫待無花空折枝。」金縷衣：綴有金線的衣服，比喻榮華富貴。惜取：珍惜。堪：可以，能夠。直須：儘管。直：直接，爽快。莫待：不要等到。韻譯：我勸你不要顧惜華貴的金縷衣，我勸你一定要珍惜青春少年時。花開宜折的時候就要抓緊去折，不要等到花謝時只折了個空枝。

「中國有服裝之美，謂之華；有禮儀之大，故稱夏。」中華民族是個注重服飾的民族，古代服飾不僅美侖美奐、賞心悅目，而且能彰顯身分、區分尊卑、契合禮儀。服飾背後體現著豐富、獨特的傳統文化底蘊，大有文章。

清代宮廷服飾的來源，除一部分荷包等小物件由后妃、宮女閒暇時手工製作，其餘大半則由江南三織造承擔。三織造局，即江寧、蘇州、杭州織造局，是宮廷服飾的主要原料產地和服飾製作處，於順治年間設立。三處織造各有所長：江寧以妝花織造取勝，蘇州擅緙絲，杭州以刺繡見長。江寧織造主要承造大紅蟒緞、大紅緞匹、金拆纓，專門製織各種制帛，各色駕衣、絲綢和線羅等。宮中御用之錦緞，大多由南京製造，由於其錦緞美似雲霞，而被稱為「雲錦」。雲

披肩襯紅色團龍雜寶紋織金綢裡

紋邊和元青萬字曲水織金緞邊

錦諸品種中的妝花是一種以挖梭為主要顯花手段的重緯織物，其色彩可高達三四十色，且不論經緯向均可隨意配色，還加飾了大量金銀線，錦面達到逐花異色、金彩輝映的效果，是中國織錦技術最高成就的代表。宮中所用的緙絲、刺繡品多產於蘇州，蘇州織造常承擔各種繡活和各類布匹的採買。其絲織品分為「上用」（帝后專用）及官用（賞賜王公官員）兩類，絲織品有綾、羅、綢、緞、紗等，尤以織宋式錦著稱。杭州織造局主要織辦紡絲、綾、杭細、各色絲線和長短不一的畫絹等，主要絲織品有綢、杭紡、杭綾、帛等，杭州織造「用絲皆重」，由於絲質好，故而持有輕薄柔軟的特色。

清代女裝，漢、滿族發展情況不一。漢族婦女在康熙、雍正時期還保留明代款式，時興小袖衣和長裙；乾隆以後，衣服漸肥漸短，袖口日寬，再加雲肩，花樣翻新無可底止；到晚清時都市婦女已去裙著褲，衣上鑲花邊、滾牙子，一衣之貴大都花在這上面。滿族婦女著「旗裝」，梳旗髻（俗稱兩把頭），穿「花盆底」旗鞋。至於後世流傳的所謂旗袍，長期主要用於宮廷和王室。清代後期，旗袍也為漢族中的貴婦所仿用。

旗袍或短裝有琵琶襟、大襟和對襟等幾種不同形式。與其相配的裙或褲，以滿地印花、繡花和祖裥等工藝手段作裝飾。襟邊、領邊和袖邊均以鑲、滾、繡等為飾，史書記載，鑲滾之費更甚，有所謂白旗邊、金白鬼子欄干、牡丹帶、盤金滿繡等各色，一衫一裙鑲滾之費加倍，衣身居十之六，鑲條居十之四，衣只有六分綾綢，新時離奇，變色以後很難拆改。又有將羊皮做襖反穿，皮上亦加鑲滾，更有排鬚雲肩，冬夏各衣，均可加工。清初滿族婦女與男人的裝扮相差不多，不同之處只是穿耳梳髻，未嫁女垂辮。滿女不纏足不著裙，衣外坎肩與衫齊平，長衫之內有小衣，相當於漢女的肚兜，衣外之衣又稱「烏龍」。旗裝在清代，除具有上述共同特點外，不同時期的組合特徵仍比較鮮明。

康熙年間：貴族婦女流行一種身著黑領金色團花紋或片金花紋的褐色袍，外加淺綠色鑲黑邊並有金繡紋飾的大褂。襟前有佩飾，頭上梳大髻，也有包頭巾樣式。侍女是著黑領綠袍，金紐扣，頭上飾翠花，並有珠璫垂

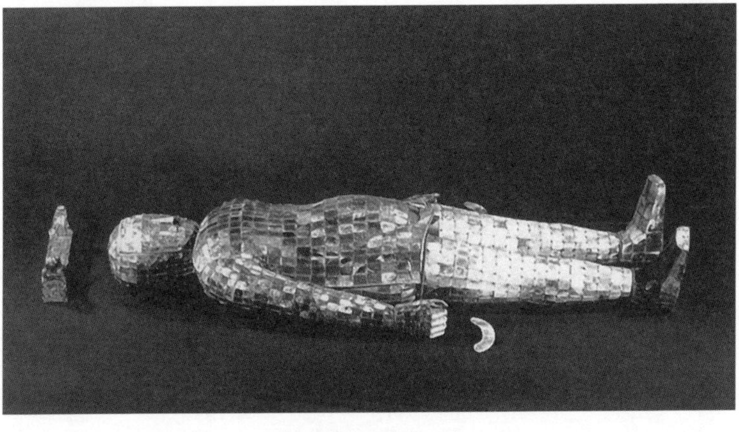

滿城劉勝墓金縷玉衣

肩。

乾隆年間：婦女著鑲粉色邊飾的淺黃色衫，外著黑色大雲頭背心。裙邊或褲腿鑲有黑色繡花欄干，足著紅色弓鞋。也有著朱衣，袖邊鑲白緞闊欄干，足著紅色繡花鞋。也有的著鑲有黑邊飾的無領寶藍色衣者，襟前掛香牌一串，紐扣上掛時辰表、牙籤、香串等小物件。也有的在衣服外面結桔黃色帶子，垂在腰胯兩側與衫齊，帶子的端頭有繡紋。也有的著白紗汗衫，黑褲紅腰帶、紅肚兜，鞋後跟有提舌。

玉衣也叫「玉匣」、「玉柙」。玉衣的起源，可以追溯到東周時的「綴玉面幕」、「綴玉衣服」。漢代皇帝和貴族死後用為殮服。由於等級不同，玉衣有金縷（帝王級）、銀縷（諸侯王級）、銅縷（公侯級）之分。到三國時曹丕下詔禁用玉衣，共流行了四百年。到目前為止，全國共發現玉衣二十餘件，中山靖王劉勝及其妻竇綰墓中出土的兩件金縷玉衣是其中年代最早、做工最精美的。

一九六八年滿城漢墓出土的兩套金縷玉衣，保存完整，形狀如人體，各由兩千多玉片用金絲編綴而成，每塊玉片的大小和形狀都經過嚴密設計和精細加工，可見當時高超的手工藝水準。金縷玉衣是漢代規格最高的喪葬殮服，大致出現在西漢文景時期。據《西京雜誌》記載，漢代帝王下葬都用「珠襦玉匣」，形如鎧甲，用金絲連接。這種玉匣就是人們日常說的金縷玉衣。當時人們十分迷信玉能夠保持屍骨不朽，更把玉作為一種高貴的禮器和身分的象徵。

原北京燕山華爾森實業集團法人謝根榮將自己保存的玉片交給北京某文物鑒定中心主任，由其串成玉衣，該人稱「並不值多少錢」，圈內人給這種仿製玉衣作價不過一萬元。之後找來五位專家，專家對「金縷玉衣」寫出文字說明，稱其估值為二十四億元。這份文字說明成為謝根榮向銀行申請質押貸款的憑證。持有者藉此從北京建行五家支行騙取貸款六．六億餘元。事件一出，各界一片譁然。

和親的歷史和種類

看過《後宮甄嬛傳》第三十三、三十四兩集的朋友們，一定會注意到下面的情節：準噶爾使者入宮求親，皇帝將先帝幼女朝瑰公主嫁給準噶爾可汗……不料，準噶爾老可汗娶得朝瑰三日後便暴斃，公主按當地習俗下嫁給老可汗之子。

這裡，就有個問題：大清王朝的歷史上，是否有過和親一事呢？

我們要知道，這段故事，取自歷史上的三段故事：一是西漢初年的和親；二是西漢後期的和親——昭君出塞；三是清朝的和親。

和親是指兩個不同民族或同一種族的兩個不同政權的首領之間出於「為我所用」的目的所進行的聯姻，儘管雙方和親的最初動機不全一致，但總的來看，都是為了避戰言和，保持長久的和好。嚴格意義上的和親始於西漢，終於清代，但「和親」之名及華夏與夷狄之間的政治婚姻卻出現於先秦。

從和親的類型上看，一種是針對敵對的民族，如西漢初年與匈奴的和親；一種用於友好的民族，如西漢中期與烏孫的和親，唐代衡陽公主與阿史那社爾的和親；再一種用於已經內屬的少數民族，如西漢末年與南匈奴的和親。

從和親的動機來看，有以下兩種情形：

一、以經濟實力和綜合國力強弱為出發點來決定是否和親。這一點又包含了兩種情況：一是當中原王朝實力薄弱時期，為了求得邊境安寧，不得不與少數民族和親，如漢初劉邦與冒頓單于的和親；二是當中原王朝勢強力大時，少數民族為了尋求中原王朝的認可和支持，或由於嚮往中原先進生產及生活方式，主動向中原王朝請婚，如唐代西突厥的多次請婚。

二、通過和親政策，達到「以夷制夷」的目的，如唐代就通過與突厥的和親，使突厥貴族進入皇族，優待他們，利用他們比較熟悉本民族的優勢，給他們封官加爵，從而達到對突厥的統治。

西漢第一位遠嫁烏孫的公主名叫劉細君。與漢相比，烏孫是個相當落後的民族。細君生長在文明程度較高的中原，又是漢宗室之女，自幼就受到良好的教育和文化薰陶。她遠別家人，來到烏孫，除了其他各種困難和痛苦，還必須要以堅強的意志和毅力去接受烏孫民族的習俗。這對於一個來自「禮儀之邦」的女子來說，是件十分不容易的事情。昆莫獵驕靡後曾使其孫岑陬娶細君為妻，細君不肯從命，上書漢朝天子，希冀能得到親人的支持。漢天子的回答是：「從其國俗，吾欲與烏孫共滅胡。」細君無奈，為了漢帝征服匈奴的大業，她只得再次成為岑陬的妻子。細君最後老死烏孫，終生不曾歸漢。後世流傳的她的《悲愁歌》便反映了她當時的心情：「吾家嫁我兮天一方，遠托異國兮烏孫王。穹廬為室兮氈為牆，以肉為食兮酪為漿。居常土思兮心內傷，願為黃鵠兮歸故鄉。」

中國和親史到了清代才達到頂峰，雖然目前很難做出精確統計，但據秦永洲和華立的統計，自天命初到乾隆末下嫁到外藩蒙古的，「從公主到鄉君就有七十餘人之多。見諸《外藩蒙古回部王公表傳》的額駙有六十九

新疆伊犁夏特鄉劉細君墓碑

新疆伊犁夏特鄉劉細君公主雕像

人，八旗中的尚不在內」。

雍正時期的兩次和親，一次是怡親王胤祥的女兒，一次是莊親王胤祿的女兒，而且這兩個孩子分別嫁給了喀爾喀親王之子和科爾沁郡王，並沒有將先皇之女嫁給準噶爾的事情發生。

貢茶的背後

看過《後宮甄嬛傳》第三十五、三十六兩集的朋友們，一定會注意到下面的情節：甄嬛以茶葉之事告知皇帝，宮中貢品都是先入年羹堯與敦親王府邸，剩餘的才送入宮中，建議皇帝不必動怒，而將此事刻意宣揚出去，使年羹堯和敦親王等人失盡人心。

這裡，就有個問題：不管《甄嬛傳》的故事是真是假，這歷史上有沒有「宮中貢品都是先入他人府邸，最後才送入宮中」這樣的事情呢？

告訴您吧，這樣的事，不但有，而且還不少呢。

明清兩代，皇家所用的東西，來源主要有以下幾個部分：一為地方貢品；二為上林苑（專為皇宮生產食品的「皇家農場」）自產；三為負責皇家飲食的光祿寺向民間採辦。採辦是一種商業活動，按道理說比皇家自己辦農場更節省成本，比向各地官府索貢更仁慈，但由於在權力通吃一切的體制下，皇家採辦和賣東西的商戶並非平等的民事主體。一方面，採辦的光祿寺官員勾結仲介，虛報價格，所吃的回扣驚人。沈德符在《萬曆野獲編》中言：「天家營建，比民間加數百倍。曾聞乾清宮窗槅一扇，稍損欲修，估價至五千金。」宮廷修房子如此，採辦食品亦是如此，這是缺乏有效監督機制下一切政府採購的通病。而另一方面，又如白居易《賣炭翁》所描寫的那樣，把持這一買賣的官商欺壓那些小供應商，先拿貨後給錢，而且給錢時七扣八減。明朝皇帝中最為體恤民情的孝宗曾下令：「買辦供應，即宜給價，不許行頭用強賒買。今後但有指稱報頭等名目，強賒害人，所司嚴以法治之。」

和明朝不一樣，清朝有個特殊的機構內務府，專司皇宮日常生活用品的採購和管理，是一大肥缺。而光祿寺便邊緣化了，淪落為僅僅負責朝廷節慶、典禮等大型政治活動的飲食。這類「國宴」並不常有，所以光祿寺的油水比起內務府差多了。因此清代民謠中，「光祿寺的茶湯」居「十大可笑」之首，說它完全是擺設，中看不中吃——好不容易有機會揩油，光祿寺官員連茶湯也不會放過。這是清代的情況，再說個明朝末年的故事。

《桐城縣誌》記載了下面這樣一條歇後語：「何夫人吃鰣魚——揀大的」。這條歇後語的出處是：明天啟年間，熹宗請禮部侍郎何如寵夫婦及朝臣們品嘗鰣魚。席間，何夫人嗔道：「我道是什麼，原來是鰣魚。我們桐城鰣魚嘴產的鰣魚又大又多，我在娘家吃鰣魚是常餐。」熹宗不悅，何如寵忙說：「白鰱與鰣魚相似，臣婦無知，有眼不辨鰣鰱。」搪塞過去。這條歇後語在民間流傳的本意是說何夫人不分場合，不知禮數，胡亂吹噓。但我卻從中覺出何夫人的可愛來。你想，皇上請客，作為大臣之婦能夠出席就該誠惶誠恐了，何夫人不僅不恐慌扭捏，反而大大咧咧地挑三揀四，編排皇家的不是。當然她說的是實話，桐城鰣魚嘴產的鰣魚確實又大又多，而她做為一個大戶人家的千金小姐，在娘家常吃鰣魚也絕非吹噓，更不可能將白鰱與鰣魚搞混了。

然而仔細想來，此事也可反襯出當時政局的尷尬。天啟皇帝朱由校，一生只活了二十三歲。可憐他十六歲當皇帝時，還是個小小少年。而他接手的所謂江山社稷，是在他的爺爺神宗皇帝罷朝二十多年之後、他的父親朱常洛繼位不到一月就被害死之後的爛攤子。朝政掌握在宦官和後宮的手裡。可憐的朱由校，他本就不喜歡當皇帝，也不知該怎樣當皇帝，他喜歡幹的活是土木工程，他的木工工藝水準是很高的。可惜生在皇家，必得做這個傀儡皇帝。他得了幾條在北方京城難得一見的鰣魚，好心好意請大臣們共同品嘗，還落了何夫人一個不稀罕。你說這皇帝做得多窩囊。而何夫人這樣不把皇帝放在眼裡，私下裡一定也不稀罕他家老爺給這樣的皇帝當臣子。

史載何如寵在萬曆二十六年（一五九八）與其兄何如申同時考中進士，但兄弟相約，兩人輪流，一人在朝做官，一人在家奉養老母。這樣，他斷斷續續地做過翰林院編修、禮部侍郎、禮部尚書、武英殿大學士、太子少保等職，他哥哥斷斷續續地做過戶部主事、處州知府、嘉湖參政、浙江布政使等職。所謂奉養老母雖是體現儒家子弟的孝，但也常常是逃避官場是非的一種藉口。天啟年間，魏忠賢迫害東林黨人，其中就有桐城人左光斗。何如寵和左光斗同鄉相好，當然要救左氏，也當然要受牽連。儒家經世，講究的是「有道則顯，無道則隱」，對著無道昏君，來個「道不同，乘槎浮於海」，豈不快哉。然而，如果何夫人是個愚婦蠢婦，貪權好財，何老爺想隨時退步抽身也是不容易的。我私下裡覺得，對於老爺的辭官不做，何夫人不僅不阻撓，說不定還推波助瀾，催他快點還鄉——家鄉有又大又好的鰣魚哩。

說起來，皇宮中的茶葉本身品質不好，原因是多種多樣的：一是有些東西，本身就不易保存，皇家吃不到；二是長途販運，保鮮技術不過關；三是各級官員的克扣。

弘曆是誰的孩子

看過《後宮甄嬛傳》第三十七、三十八兩集的朋友們，一定會注意到下面的情節：甄嬛在避暑山莊遇見自幼不得父愛的四阿哥弘曆（日後的乾隆皇帝），對其憐愛有加。這裡，就有個問題：甄嬛為什麼會在避暑山莊遇見自幼不得父愛的四阿哥弘曆呢？乾隆皇帝到底出生在哪裡呢？

關於乾隆皇帝的出生地點，有的朋友就會問了，乾隆皇帝的出生地點在哪裡不都一樣嗎？這個還會成為一個疑案不成嗎？

這您就不了解了。對於一個普通百姓，他出生在什麼地方，對家庭來說可能算是一回事，但對民族、對國家來說並沒有什麼影響。然而，乾隆皇帝卻不同，乾隆皇帝的出生地同他的生母是誰密切關聯。大家為什麼關心乾隆的生母是誰呢？因為乾隆皇帝的母親「出身名門」或「出身微賤」，會直接影響乾隆皇帝的皇位、事業；如果乾隆皇帝的母親是漢人，則又關涉到更為複雜的政治問題。因此，這個謎案實際上是下一個謎案的序曲！

這個謎案是怎麼產生的呢？關於乾隆皇帝出生的地點到底有幾個呢？

乾隆皇帝的出生地點，歷史上一共有兩個：一個是乾隆皇帝自己的說法，雍和宮的東廂房說；第二個是承德避暑山莊獅子園說。

我們首先給大家介紹這個雍和宮說。

這個雍和宮說最早是怎麼產生的呢？

年輕時的弘曆

關於乾隆皇帝的出生地，他的父母都沒有留下明確的說法，倒是乾隆皇帝自己曾經反覆說明，這就是關於乾隆皇帝出生地的第一種說法——雍和宮說。

乾隆皇帝自己認為：他生在雍和宮。

雍和宮坐落在今天北京城的安定門內，是著名的喇嘛廟。在康熙皇帝時期，這裡原是雍親王的府邸，也就是雍正皇帝做皇子時的王府，當時並不叫雍和宮。乾隆皇帝登極後，把他父親雍正皇帝的畫像供奉在這座府第裡的神御殿，派喇嘛每天誦經，後來這裡就改名叫雍和宮。乾隆皇帝曾經多次以詩或以詩注的形式，表明自己出生在雍和宮。這其中，最為主要的便是下面的六種記載：

第一，一七七八年新春，乾隆皇帝在《新正詣雍和宮禮佛即景志感》詩中，有「到斯每憶我生初」的詩句。這說明乾隆皇帝本人認定自己出生在雍和宮。

第二，一七七九年新春，乾隆皇帝又一次在《新正雍和宮瞻禮》的詩中說：「齋閣東廂胥熟路，憶親唯念我初生。」在這裡，乾隆皇帝不僅認定自己誕生在雍和宮，而且還指出了具體的出生地點，就在雍和宮的東廂房。乾隆皇帝自己說自己出生在雍和宮東廂，應當算是比較權威的說法。

第三，一七八〇年新春，乾隆皇帝再一次到雍和宮禮佛時說：「十二初齡才離此，訝今瞥眼七旬人。」在這首詩下注云：「康熙六十一年始蒙皇祖養育宮中，雍正年間遂永居宮內。」

第四，一七八二年正月初七日，乾隆皇帝作《人日雍和宮瞻禮》詩注云：「余實康熙辛卯生於是宮也。」康熙辛卯年為康熙五十年（一七一一），正月初七過去稱作「人日」。

據晉朝董勳《答問禮俗說》記載：「正月一日為雞，二日為狗，三日為豬，四日為羊，五日為牛，六日為馬，七日為人。」乾隆皇帝每年正月初七日都要來到雍和宮瞻禮，平時路過這裡也要進去小駐片刻。

第五，一七八九年正月初七日，乾隆皇帝又作《新正雍和宮瞻禮》詩云：「豈期涖政忽焉老，尚憶生初於是孩。」其下自注云：「予以康熙辛卯生於是宮，至十二歲始蒙皇祖養育宮中。」

第六，乾隆皇帝還有一次到雍和宮瞻仰禮拜，爾後作了一首詩。據《清高宗御制詩集》記載：「來瞻值人日，吾亦念初生。」乾隆的意思是，在正月初七日（人日）這一天，到雍和宮瞻禮，總是念念不忘當初就是出生在這裡。

從以上六個例子來看，乾隆皇帝一貫認為自己就

弘曆生母孝聖憲皇后鈕祜祿氏

弘曆生父雍正帝胤禛

出生在雍和宮。乾隆皇帝晚年對自己出生地的流言蜚語可能有所耳聞，他的詩作就是強調自己確實生在雍和宮。

看來這個雍和宮的東廂房說應該成為定論了，怎麼會又出現了這個承德避暑山莊獅子園的說法的呢？這種說法最早的提出者是誰呢？

乾隆皇帝出生在承德避暑山莊獅子園的說法最早的提出者是與乾隆皇帝同一個時期的人物——乾隆皇帝手下的大臣管世銘。

管世銘是什麼人？他為什麼有資格議論乾隆皇帝的出生地點呢？

管世銘，江蘇武進人，一七七八年進士，後入值軍機處，任軍機章京，了解很多宮廷掌故與秘聞。他曾經多次隨乾隆皇帝一起去避暑山莊，去木蘭秋獮，寫下《扈蹕秋獮紀事三十四首》（收在《韞山堂詩集》），其中第四首涉及到乾隆皇帝的出生地：

慶善祥開華渚虹，降生猶憶舊時宮。年年諱日行香去，獅子園邊感聖衷。

管世銘在這首詩的後面有個原注，說：「獅子園為皇上降生之地，常於憲廟忌辰臨駐。」這裡明確地說：獅子園是乾隆皇帝的誕生地，因此乾隆皇帝常在先帝雍正皇帝駕崩的忌日，到這裡小住幾天。

獅子園是承德避暑山莊外的一座園林，因為它的背後有一座形狀像獅子的山峰而得名。康熙皇帝到熱河避暑時，當時還是皇子的雍正皇帝經常隨駕前往，獅子園便是雍親王一家當時在熱河的住處。管世銘等一些朝野人士認為：避暑山莊獅子園是乾隆的降生地。

說到這裡，人們自然就會問到：單憑管世銘這一首詩也不能夠證明些什麼呀？因為，我們歷史學界有孤證不立的傳統啊！

這話不假，不過如果要是有了乾隆皇帝的兒子、後來的嘉慶皇帝作證的話，事情就會完全不一樣了。

嘉慶元年（一七九六）八月十三日，乾隆皇帝八十六歲大壽，以太上皇身分到避暑山莊過生日。嘉慶皇帝跟隨去了，寫下《萬壽節率王公大臣行慶賀禮恭紀》詩慶賀。詩中提到乾隆皇帝的出生：「肇建山莊辛卯年，壽同無量慶因緣。」其詩下注云：「康熙辛卯肇建山莊，皇父以是年誕生都福之庭。」皇帝嘉慶在詩後注解說，皇祖康熙辛卯年（康熙五十年）題寫了「避暑山莊」匾額，皇父乾隆也恰好於這年降生在山莊，這是值得慶賀的福壽無量的因緣！然而，有人認為「都福之庭」是泛指，不一定在避暑山莊。

嘉慶二年（一七九七），乾隆皇帝又到避暑山莊過生日，嘉慶皇帝再次寫《萬壽節率王公大臣等行慶賀禮恭紀》詩祝壽，在詩文的注釋中，嘉慶皇帝把皇父乾隆的出生地說得更明確了：「敬惟皇父以辛卯歲，誕生於山莊都福之庭。」嘉慶皇帝在這裡明白無誤地點明皇父乾隆誕生於避暑山莊的都福之庭。

嘉慶皇帝上兩次詩注都表明：乾隆皇帝出生在承德避暑山莊。

問題在於，嘉慶皇帝是否知道他的說法與他父親的說法不一樣啊？

嘉慶皇帝是在後來才知道他的說法與他父親的說法不一樣的。

原來清朝每一位皇帝登極以後，都要為先帝纂修《實錄》（記載一生經歷、言行和功業）和《聖訓》（皇帝的訓諭）。嘉慶十年（一八〇五），嘉慶皇帝命朝臣編修乾隆《實錄》和《聖訓》。嘉慶皇帝在審閱呈送稿時，發現《實錄》和《聖訓》稿都把乾隆皇帝的出生地寫成了雍和宮。他命編修大臣進行認真核查。這時，翰林出身的文華殿大學士劉鳳誥，把乾隆皇帝當年寫的詩找出來，凡是乾隆皇帝自己說出生在雍和宮的地方都夾上黃簽，呈送嘉慶皇帝審閱。

嘉慶皇帝面對皇父乾隆的御制詩及注，感到問題十分嚴重。所以在十幾年後，嘉慶皇帝果斷地放棄了皇父出生在避暑山莊獅子園的說法，改為出生在雍和宮的說法。嘉慶皇帝命在《實錄》和《聖訓》裡這樣記載乾隆皇帝的出生：「康熙五十年辛卯八月十三日子時，誕上於雍和宮邸。」

有的朋友說了，這不就沒有事了嗎？哪裡呀，麻煩還在後面呢！

嘉慶二十五年（一八二〇）夏，嘉慶皇帝突然在避暑山莊駕崩。在當時軍機大臣托津、戴均元等撰寫的嘉慶皇帝《遺詔》中，又採用了乾隆皇帝生於避暑山莊的說法，把乾隆皇帝的誕生地點說成是承德避暑山莊獅子園。

新繼位的道光皇帝發現問題後，立即命令以每

胤禛的父親康熙帝玄燁

胤禛生母孝恭仁皇后（德妃）

天六百里加急，將已經發往琉球、越南、緬甸等藩屬國的嘉慶皇帝《遺詔》從路上追回來。改寫後的《遺詔》，把原來說乾隆皇帝生在避暑山莊，很牽強地說成乾隆皇帝的畫像掛在避暑山莊。

道光為把他爺爺乾隆出生在北京雍和宮的說法作為結論確定下來，不得不把他父親嘉慶當年說乾隆生在山莊的詩及注都改過來！

有的朋友說了，這不就又沒有事了嗎？

哪裡呀，由於嘉慶皇帝的詩早已公開流行天下，如果大張旗鼓地修改，結果肯定會讓人覺得是欲蓋彌彰。所以道光皇帝改得非常不徹底，結果就造成了有一部分沒有改的《嘉慶御制詩集》流傳下來，從而愈加使天下官員百姓對乾隆皇帝的出生地點疑竇叢生。

乾隆皇帝到底是出生在北京雍和宮，還是出生在承德避暑山莊？至今學術界沒有定論，仍然是一個歷史的疑案。不過，相信您看了上面的這段介紹之後，一定已經有了自己的答案。

年羹堯之死

看過《後宮甄嬛傳》第三十九、四十兩集的朋友們，一定會注意到下面的情節：年羹堯獲知同黨敦親王被皇帝捉拿，寫了一紙奏摺呈送皇帝，情急之下把「朝乾夕惕」四字寫成了「夕惕朝乾」，皇帝看後大怒。此後，日薄西山的年羹堯最終被殺。

這裡，就有個問題：導致年羹堯死亡的真正原因到底是什麼呢？

還別說，這歷史上，年羹堯寫給皇帝的奏摺真的把「朝乾夕惕」寫成了「夕惕朝乾」；也還真是這事之後，雍正皇帝大怒，最終殺掉了年羹堯。雍正皇帝之所以最終殺掉年羹堯，最主要是年的所作所為已經成為威脅皇權的最主要因素。主要表現在：

第一，擅作威福。年羹堯自恃功高，驕橫跋扈之風日甚一日。他在官場往來中趾高氣揚、氣勢凌人：贈送給屬下官

年羹堯奏摺

員物件，「令北向叩頭謝恩」；發給總督、將軍的文書，本屬平行公文，卻擅稱「令諭」，把同官視為下屬；甚至蒙古札薩克郡王額駙阿寶見他，也要行跪拜禮。對於朝廷派來的御前侍衛，理應優待，但年羹堯卻把他們留在身邊當作「前後導引，執鞭墜鐙」的奴僕使用。按照清代的制度，凡上諭到達地方，地方大員必須迎詔，行三跪九叩大禮，跪請聖安，但雍正皇帝的恩詔兩次到西寧，年羹堯竟然「不行宣讀曉諭」。更有甚者，他曾向雍正皇帝進呈其出資刻印的《陸宣公奏議》，雍正皇帝打算親自撰寫序言，尚未寫出，年羹堯自己竟擬出一篇，並要雍正皇帝認可。年羹堯在皇帝面前也行止失儀，「御前箕坐，無人臣禮」，雍正心中頗為不快。還有一件離譜的事，說是在有一年的冬天，年羹堯將軍出行，跟他同車的士兵都把手放在車把上面。大雪紛飛，年羹堯怕他們被凍僵。然後就說，去手。意思是你把手拿下來得了。這些士兵就誤會了。一聽，去手？大將軍讓我們去手，拿起刀把手砍了。這個年羹堯的權威已經到達了這種無以復加的地步。所以這些士兵如此聽他的，讓雍正皇帝害怕。

第二，結黨營私。當時在文武官員的選任上，凡是年羹堯所保舉之人，吏、兵二部一律優先錄用，號稱「年選」。他還排斥異己，任用私人，形成了一個以他為首，以陝甘四川官員為骨幹，包括其他地區官員在內的小集團。許多混跡官場的拍馬鑽營之輩眼見年羹堯勢頭正勁、權力日益膨脹，遂競相奔走其門。而年羹堯也是個注重培植私人勢力的人，每有肥缺美差必定安插其私人親信，「異己者屏斥，趨赴者薦拔」。比如他彈劾直隸巡撫趙之垣「庸劣紈絝」、「斷不可令為巡撫」，而舉薦其私人李維鈞。趙之垣因此而丟官，於是轉而投靠年羹堯門下，先後送給他價值達二十萬兩之巨的珠寶。年羹堯就藉著雍正二年進京之機，特地將趙帶到北京，「再四懇求引見」，力保其人可用。遭到年羹堯參劾降職的江蘇按察使葛繼孔也兩次送上各種珍貴古玩，年羹堯於是答應日後對他「留心照看」。此外，年羹堯還藉用兵之機，虛冒軍功，使其未出籍的家奴桑成鼎、魏之耀分別當上了直隸道員和署理副將的官職。

第三，貪斂財富。年羹堯貪贓受賄、侵蝕錢糧，累計達數百萬兩之多。而在雍正初，整頓吏治、懲治貪贓枉法是一項重要改革措施。

一七二五年春，雍正皇帝對年羹堯的不滿開始公開化。這年春，出現了「日月合璧，五星聯珠」的所謂「祥瑞」，群臣稱賀，年羹堯也上賀表稱頌雍正皇帝夙興夜寐、勵精圖治。但表中字跡潦草，又一時疏忽把「朝乾夕惕」誤寫為「夕惕朝乾」。

乾，即自強不息；惕：小心謹慎。形容一天到晚勤奮謹慎，沒有一點疏忽懈怠。雍正皇帝即位後，日月勤慎，也以「朝乾夕惕」自勵、自詡。年羹堯在賀表中將語序顛倒，將「朝乾夕惕」寫作「夕惕朝乾」，其實意思都一樣，都是頌揚雍正勵精圖治，並沒有不承認雍正「朝乾夕惕」的意思，但是雍正還是以此為藉口興起大獄。

雍正皇帝馬上抓住這個把柄借題發揮，說年羹堯本來不是一個辦事粗心的人，這次是故意不把「朝乾夕惕」四個字「歸之於朕耳」。並認為這是他「自恃己功，顯露不敬之意」，所以對他在青海立的戰功，「亦在朕許與不許之間」。

接著雍正皇帝更換了四川和陝西的官員，先將年羹堯的親信甘肅巡撫胡期恒革職，署理四川提督納泰調回京，使其不能在任所作亂。四月，解除年羹堯川陝總督職，命他交出撫遠大將軍印，調任杭州將軍。

年羹堯調任杭州將軍之後，雍正皇帝還看他生氣，就將他一抹到底——此後的年羹堯就是草民百姓了。

雍正皇帝的最後一步是勒令年羹堯自裁。年羹堯調職後，內外官員更加看清形勢，紛紛揭發其罪狀。雍正皇帝以俯從群臣所請為名，盡削年羹堯官職，並於當年秋下令捕拿年羹堯押送北京會審。一七二五年初，朝廷議政大臣向雍正皇帝提交審判結果，給年羹堯開列九十二款大罪，請求立正典刑。雍正皇帝說，這九十二款中應服極刑及立斬的就有三十多條，但念及年羹堯功勳卓著、名噪一時，「年大將軍」的威名舉國皆知，如果對其加以刑誅，恐怕天下人心不服，自己也難免要背上心狠手辣、殺戮功臣的惡名，於是表示開恩，賜其獄中自裁。

宮中哪裡有麝香

看過《後宮甄嬛傳》第四十一、四十二兩集的朋友們，皇帝最終下旨賜死華妃，華妃卻不願就死。甄嬛來到冷宮，替華妃送行。她親口告訴華妃，皇帝和太后當年為了防備年氏一族勢力過強，便在華妃專用的歡宜香中添加了大量麝香，致使其終身不孕，並導致甄嬛昔日流產的事實。華妃聽聞真相後，絕望中撞牆而死。這裡，就有幾個問題：麝香真的有那麼厲害嗎？怎麼誰都可以弄到各種藥物啊？宮中哪裡有麝香呢？

麝香為麝科動物（如林麝、馬麝或原麝）等成熟的雄體香囊（肚臍和生殖器之間的腺囊）中的乾燥分泌物，乾燥後呈顆粒狀或塊狀，有特殊的香氣，有苦味，可以製成香料，也可以入藥，是中樞神經興奮劑，外用能鎮痛、消腫，簡稱「麝」。該品為常用中藥，《神農本草經》列為上品。其原動物為麝。

麝香在中國使用，已有悠久歷史。唐代詩人杜甫在《丁香》詩中云：「晚墜蘭麝中。」

麝香是配製高級香料的重要原料。古代文人、詩人、畫家都在上等麝料中加少許麝香，製成「麝墨」寫字、作畫，芳香清幽，若將字畫封妥，可長期保存，防腐防蛀。麝香是十分名貴的藥材，含有豐富營養成份。麝香性辛、溫、無毒、味苦。入心、脾、肝經，有開竅、辟穢、通絡、散瘀之功能。主治中風、痰厥、驚癇、中惡煩悶、心腹暴痛、跌打損傷、癰疽腫毒。許多臨床材料表明，冠心病患者心絞痛發作時，或處於昏厥休克時，服用以麝香為主要成分的蘇合丸，病情可以得到緩解。

西藏主要產馬麝（皇家麝香所用），體形較林麝大，吻較長，全身呈棕色，通常僅頸部有少量模糊黃點，頷頸下和腹部呈黃白色。雄麝上頷犬齒發達，露出唇外，向下微曲，俗稱「獠牙」；臍部有

可導致孕婦小產的麝香

麝香為雄麝的肚臍和生殖器之間的腺囊的分泌物，乾燥後呈顆粒狀或塊狀，有特殊的香氣，有苦味，可以製成香料，也可以入藥。是中樞神經興奮劑，外用能鎮痛、消腫。

香腺囊，囊內包含香。雌麝上頷犬齒小不外露，也無香腺囊。一般在十月到翌年三月為狩獵時期，但以十一月間獵得者品質較佳，此時它的分泌物濃厚。狩獵時通常用槍擊、箭射、陷阱、繩套等方法。捕獲後，將雄麝的臍部腺囊連皮割下，撿淨皮毛等雜質，陰乾，然後將毛剪短，即為整香，挖取內中香仁稱散香。由此皇家麝香可知數量之少。現四川瑪律康飼養場試行了三種活麝取香的方法，有「捅槽取香」、「手術取香」及「等壓法」等，取香後生長正常並能繼續再生麝香，而且生長速度也較快。

功效：開竅醒神，活血通經，止痛，催產。

應用：一、用於閉證神昏。麝香辛溫，氣極香，走竄之性甚烈，有極強的開竅通閉醒神作用，為醒神回甦之要藥，最宜閉證神昏，無論寒閉、熱閉，用之皆效。治療溫病熱陷心包，痰熱蒙蔽心竅，小兒驚風及中風痰厥等熱閉神昏，常配伍牛黃、冰片、朱砂等藥，組成涼開之劑，如安宮牛黃丸、至寶丹、牛黃抱龍丸等；用治中風卒昏，中惡胸腹滿痛等寒濁或痰濕阻閉氣機，蒙蔽

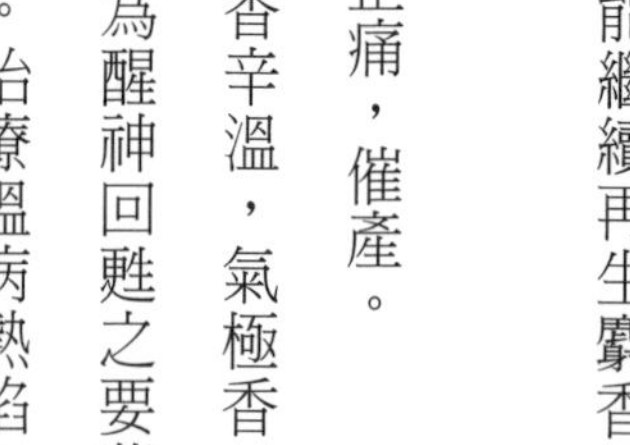

雍正最終被朱砂毒死。此為含有硫化汞的朱砂礦石。

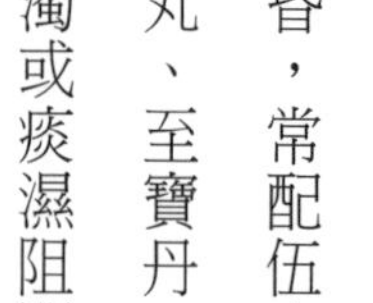

陵容用以自盡的苦杏仁

神明之寒閉神昏，常配伍蘇合香、檀香、安息香等藥，組成溫開之劑，如蘇合香丸。二、用於瘡瘍腫毒，咽喉腫痛，該品辛香行散，有良好的活血散結，消腫止痛作用，內服、外用均有良效。用治瘡瘍腫毒，常與雄黃、乳香、沒藥同用，即醒消丸，或與牛黃、乳香、沒藥同用；用治咽喉腫痛，可與牛黃、蟾酥、珍珠等配伍，如六神丸。三、用於血瘀經閉，徵瘕，心腹暴痛，跌打損傷，風寒濕痹等證。該品辛香，開通走竄，可行血中之瘀滯，開經絡之壅遏，以通經散結止痛每周一次，兩周一療程，療效滿意；用治痹證疼痛，頑固不癒者，可與獨活、威靈仙、桑寄生等祛風濕藥同用。四、用於難產，死胎，胞衣不下。該品活血通經，有催生下胎之效。常與肉桂為散，如《張氏醫通》香桂散；亦有以麝香與豬牙皂、天花粉同用，蔥汁為丸，外用取效，如《河北醫藥集錦》墮胎丸。

此外，近代臨床報導用人工麝香片口服或用人工麝香氣霧劑治療心絞痛，均取得良好效果：由麝香、豬牙皂、白芷等製成麝香心絞痛膏，分別敷於心前區痛處及心俞穴，二十四小時更換一次，治療冠心病、心絞痛；用麝香注射液皮下注射，治療白癜風，均有顯效；用麝香埋藏或麝香注射液治療肝癌及食道、胃、直腸等消化道腫瘤，可改善症狀、增進飲食；對小兒麻痹症的癱瘓，亦有一定療效。

麝香有擾亂內分泌和影響生物荷爾蒙正常發揮作用等副作用，長期被身體攝入會有副作用而且具有抗孕作用和早產（或流產）作用的，長期應用可能會導致不孕。

人工麝香在日常生活中隨處可見：從香皂、化妝品、香水，到各種清潔劑，都會用到它。據統計，每年全世界人工麝香的總產量約為八千噸。據印度媒體最新的報導，研究顯示，人工麝香直接與皮膚接觸，會對人體造成傷害。尤其值得注意的是，在胖人身上，這種有害的化學物質存在時間格外長。如果母親長期接觸含有人工麝香的產品，有害物質還可能沉積在母乳中，危及下一代的健康。

話說到這裡，我們便可以知道，麝香真的是一味很厲害的藥物。不過，因那時還沒有人工麝香出現，故而這種非常名貴、在當時也非常難於得到的藥物，並不是皇宮中的隨便哪位都能弄到手的。

皇宮多是政治婚姻

看過《後宮甄嬛傳》第四十三、四十四兩集的朋友們，一定會注意到下面的情節：甄嬛意外發現自己懷孕，為保腹中胎兒平安，請求皇后照顧自己身孕，承擔一切後果。皇后不願答應，太后告誡她不可一錯再錯，更不許她拿烏喇納喇氏家族的榮華富貴開玩笑。這裡，就有個問題：太后為何不許皇后拿烏喇納喇氏家族的榮華富貴開玩笑？

答案在於：這是一樁政治婚姻——也就是說，所謂皇上選秀女，不過是個表面上打著公平競爭的幌子、實際上卻幹著事先內定了皇后、皇貴妃、貴妃等所有重要角色的一場鬧劇而已。不僅雍正皇帝的後宮是這樣的，大清王朝所有皇帝的後宮都如此。

這中間，最為典型的就是皇太極稱帝之後的後宮。來看看：

皇太極在盛京立了五宮——「一后四妃」。奇怪的是，這「一后四妃」，都是蒙古族，都姓博爾濟吉特氏——只不過是分屬於蒙古科爾沁部和察哈爾部而已。

皇太極娶異民族的「一后四妃」，主要是出於籠絡蒙古的政治考慮。

皇后博爾濟吉特氏，是蒙古科爾沁貝勒莽古思的女兒。成婚那年，皇太極二十二歲，博爾濟吉特氏十四歲。皇太極繼位後，博爾濟吉特氏成為後金第一夫人，稱中宮——清寧宮大福晉。一六三六年，皇太極登上皇帝寶座後，妻以夫貴，博爾濟吉特氏就成為中宮皇后。除此而外，皇太極寵愛的還有四位皇妃：

第一位是關雎宮（東宮）宸妃，博爾濟吉特氏，中宮皇后的侄女，也是永福宮莊妃博爾濟吉特氏的姐姐，一六三四年同皇太極結婚。這時她已二十五歲，皇太極也已四十二歲。

第二位是麟趾宮（西宮）貴妃那木鐘，為蒙古阿霸垓郡王額齊格諾顏之女。她原是蒙古林丹汗囊囊福晉，林丹汗死後，投順後金。同年，皇太極娶囊囊福晉為妻。那木鐘貴妃後生下一子名博穆博果爾和一女。她的兒子博穆博果爾及其王妃，日後演繹出一段生動離奇的故事，留待談到順治皇帝時再講。

第三位是衍慶宮（次東宮）淑妃巴特馬．璪，原是蒙古察哈爾林丹汗的竇土門福晉。林丹汗死後，她攜部眾降金，不久被皇太極納娶。她撫養蒙古一女，皇太極「命睿親王多爾袞娶焉」。

第四位是永福宮（次西宮）莊妃，俗稱大莊妃，名布木布泰，是科爾沁貝勒寨桑之女，又是中宮皇后博爾濟吉特氏的侄女，關雎宮宸妃的妹妹。莊妃十三歲嫁給皇太極，這年皇太極三十三歲。皇太極即皇帝位後，封她為永福宮莊妃。莊妃作為一個女人，人生中最大的事，就是生下一個兒子——福臨，即後來的順治皇帝。這年她二十七歲。

皇太極為了聯絡蒙古，還以次女下嫁林丹汗之子額哲，命濟爾哈朗娶林丹汗遺孀蘇泰太后為福晉，長子豪格及二兄代善、七兄阿巴泰分別同察哈爾部聯姻，從而構成錯綜複雜的姻盟。

再說說烏喇納喇氏家族。《甄嬛傳》中提到的烏喇納喇氏和烏雅氏，康熙的德妃即雍正皇帝的生母烏雅氏德妃，雍正的繼后叫烏喇納喇氏宜修，是德妃烏雅氏即恭孝仁皇后的外甥女，烏喇納喇氏作為滿族第一大姓也屬於皇姓，因為清朝烏喇納喇氏出了很多皇后。這其中，最為典型的就是清太祖大妃孝烈武皇后烏喇納喇氏（一五九〇—一六二六），名阿巴亥，清太祖愛新覺羅努爾哈赤的大妃。其父烏喇貝勒滿泰。阿巴亥嫁給努爾哈赤時年僅十二歲，在清太祖孝慈高皇后去世後，被立為大妃。她共為努爾哈赤生下三子，即：十二子阿濟格、十四子多爾袞、十五子多鐸。

《甄嬛傳》中出現的這位，也就是孝敬憲皇后。雍正沒有聲色犬馬之好，繼位後放掉了宮內所養全部珍禽異獸。他喜歡園林、常年辦事的地點就在圓明園。閒暇時，喜歡留連於園中山水之間。其他生活用具，亦不太講究。吃喝方面，只喜歡喝點酒，也有節制。當時傳來西方的新鮮東西，像溫度計、望遠鏡等等，他接受得很快，還讓宮廷匠役仿造，賜給親近大臣。烏喇納喇氏深知雍正公務繁忙，日理萬機，所以對他生活上的一些愛好無不滿足。在掌管六宮時，和嬪妃、宮娥之間關係也很好。這是因為納喇氏為人孝順恭敬，無論在藩邸的年月還是被封為皇后以後，她始終如一。她曾為雍正生下長子弘暉，八歲不幸夭折。雍正對皇后很敬重，常常稱讚她謙和順從。

烏雅氏雖也是大族，但畢竟平民和皇族還是有差別的。烏雅氏是自康熙年間烏雅氏德妃而興起的，但是烏雅氏並沒有做過皇后，雍正皇帝即位後封母親烏雅氏德妃為恭孝仁皇后，因為皇帝都希望自己是嫡出，希望自己的母親是皇后。雍正死後皇四子弘曆即乾隆皇帝即位後封富察氏為皇后，烏喇納喇氏為嫻妃，後封為賢貴妃，烏喇納喇氏是乾隆皇帝還在做隆親王時娶的側福晉，福晉富察氏死後，烏喇納喇氏當上了皇后，也就是我們見到的《還珠格格》裡面的皇后。

北京哪有甘露寺

看過《後宮甄嬛傳》第四十五、四十六兩集的朋友們，一定會注意到下面的情節：甄嬛內心對皇帝絕望，自請離宮到甘露寺修行以保朧月平安。……甄嬛遷居甘露寺，法號莫愁。

說起甘露寺，相信所有的人跟我一樣，第一個想到的不是個寺廟，而是京劇《龍鳳呈祥》中的一折，為馬派的經典劇碼之一。話說劉備過江之後，吳國太設宴在甘露寺，旁有孫權、賈化暗中作梗，幸得國老喬玄從中周旋，為劉備說好話，使得國太進孫尚香配與劉備。本齣戲的高潮部分在於喬玄的大段唱功，已故著名京劇表演藝術家馬連良先生的演出堪稱經典，至今尚無人超越。時至今日，全國現存比較聞名的甘露寺有如下幾個：潮州甘露寺、安徽九華山甘露寺、山東滕州甘露寺、鎮江甘露寺（劉備招親處）、山東臨沂甘露寺、潮州甘露寺、寧夏靈武市甘露寺。

問題在於：北京哪有甘露寺？

要想回答這個問題，還得先從香山說起。

位於北京西北郊的香山，位於北京海淀區西郊，距市區二十五公里，全園面積一百六十公頃，是清代的一座以山地為基址而建成的行宮御苑。香山丘壑起伏，林木繁茂，為北京西山山系的一部分，是北京著名的森林公園。主峰香爐峰，俗稱「鬼見愁」，海拔五百五十七米，南、北側嶺的山勢自西向東延伸遞減成環抱之勢，景界開闊，可以俯瞰東面的廣大平原。據記載唐代這裡已有吉安、香山二寺。金大定二十六年（一一八六），金代皇帝將二寺合一，金章宗賜名「大永安寺」。元代重修，易名「甘露寺」。明朝再建，稱「永安禪寺」。清乾隆年間，在原址上擴建，形成了前街、中寺、後苑獨特的寺院格局，御賜「大永安禪寺」，為靜宜園二十八景之一。香山寺依山而建，錯落有致，嚴整壯觀，曾為西山諸寺之冠。香山寺於一八六〇年、一九〇〇年分別遭英法聯軍和八國聯軍焚燒，僅存知樂濠、聽法松、娑羅樹御制碑、石屏等遺物。寺旁建行宮，經歷代擴建，到乾隆十年（一七四五），定名為靜宜園。

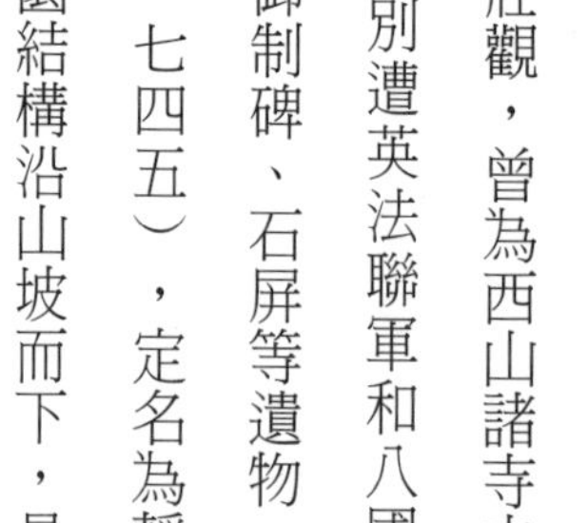
香山靜宜園昭廟琉璃塔

靜宜園位於北京西北郊的香山。全園結構沿山坡而下，是一座完全的山地園，分為三部分，即內垣、外垣、別垣。內垣在東南部的半山坡的山麓地段，是主要景點和建築薈萃之地，包括宮廷區和古剎香山寺、洪光寺兩座大型寺廟，其間散布著瓔珞岩等自然景觀。外垣是香山的高山區，面積廣闊，散布著十五處景點，大多為欣賞自然風光之最佳處和因景而構的小園林建築。別垣是在靜宜園北部的一區，包括有昭廟和正凝堂兩組建築。內垣的西北區黃櫨成片，每至深秋，層林盡染，觀西山紅葉成為靜宜園的重要景觀。

園內的大小建築群共五十餘處，經乾隆皇帝命名題署的有「二十八景」。香山公園位於北京西山，在清代稱為靜宜園。當時京城西郊的「三山五園」名聞天下，所謂「三山五園」是指萬壽山、香山、玉泉山和圓明園、暢春園、靜宜園、靜明園、清漪園。

話說到這裡，我們就要提醒朋友們了，在北京的歷史上，真的只有這麼一處名為「甘露寺」的地方，不過那已經是元朝時期的事啦。清朝的北京，是沒有一個名為「甘露寺」的地方的。

不過，清朝的北京，雖然沒有一個名為「甘露寺」的地方，但北京周邊，還是有與甘露

豐寧滿族自治縣的甘露禪寺

寺接近的地名，這其中，比較近一些的便是位於河北豐寧滿族自治縣喇嘛山景區的「甘露禪院」，但這個地方是不是就是《後宮甄嬛傳》裡面所說的甘露寺，那就仁者見仁智者見智了。

被淘汰的宮女為何都願去尼姑庵

看過《後宮甄嬛傳》第四十七、四十八兩集的朋友們，一定會注意到下面的情節：甘露寺眾尼不容甄嬛等人，甄嬛在病中被眾尼姑趕出寺外。

結合前面的第四十六集的故事，我們可以看出，這個名為甘露寺的寺院，其實就是個皇家尼姑庵。這裡，就有個問題：在那個時代，為什麼不見容於宮廷的這些女子，都偏偏要去尼姑庵裡「修行」呢？甘露寺裡的尼姑，憑什麼那麼惡毒？為什麼惡毒？

話說武則天是時代的產物，是中國歷史上的唯一。她一輩子當中嫁了兩個皇帝，唐太宗和唐高宗父子；她生了兩個皇帝，唐中宗和唐睿宗兄弟；她本人是中國歷史上唯一的女皇帝，顛覆了整個中國古代的政治傳統和制度設計。武則天究竟是一個怎樣的人物？她是如何一步步走上最高統治位置的？話還要從唐高宗李治說起。

唐高宗李治即位一年以後，來到了長安城中的感業寺，將一個非常美豔的已經蓄長了頭髮的尼姑接回到長安的宮中。高宗的王皇后非但沒有吃醋，反而是異常地高興。可是，王皇后萬萬沒有想到，沒幾年，她的身家性命就葬送在了這個女子手裡。可以說，從這個女人踏進宮門的那一刻起，宮廷裡就硝煙四起，暗藏殺機，大唐江山從此不得安寧，但她也同樣用激情和夢想造就了千古流芳的大唐氣象，在中國的歷史上放射著無比輝煌的光芒。

武則天碰到太子李治，是她政治生涯的真正開始。可是這一碰，它不是一般的男女接觸。這一亮相本身在歷史上就是一記轟雷。

那個時候，武則天的身分是皇帝唐太宗的才人，就是說她是唐太宗的女人，對於李治來說，她是庶母。當時唐太宗正病得厲害，就讓太子李治到床前來陪他，就在這個時候，李治與武才人一見傾心。這個出場，在歷史上是很震動的一個場面。

有一種觀點認為，武則天是有心機的人，因為她一直在尋找機會，這個今後的皇帝太子李治是一個機會，所以她會主動暗送秋波，以一種長姐似的關懷，把年輕的太子給俘虜了。還有一種觀點認為，李治因為從小就死了媽，太宗這些年來治理國家也很忙，這個年輕的庶母居然那麼地溫柔，使李治又有一種主動的行動。還有一點咱們也不能忽略，武則天長得還是很漂亮，是那個時代標準的美人。歷史記載，她的相貌是叫「寬額廣頤」。額頭比較寬，下巴也稍微比較長，人比較豐滿。對於性格懦弱的李治來說，吸引力還是很強的。一般而言，我們都知道，洛陽龍門石窟的盧舍那佛像就是武則天的一個寫真，就是按照她的那個模樣做出來的。

武則天做過唐太宗的才人這是人所共知的事實，後來在唐高宗立武則天做皇后的詔書中，就直面地回答這個問題：我承認這個武皇后是先帝的才人，但是，是先帝賜給我的，並不是有什麼「穢亂春宮」的問題。不管怎麼說吧，這兩個人在唐太宗晚年的時候，就埋下了感情的種子。

唐太宗去世之後，按照唐朝的規定，武則天被派到了感業寺做尼姑。對於一般的宮廷女性來說，如果到了尼姑庵裡面做尼姑，有可能就是青燈梵鐘，一輩子了此餘生。武則天能這麼甘心嗎？她肯定不。那一年在佛寺當中的生活武則天是怎麼度過的，我想那個煎熬是雙重的：一方面自己那種政治野心，希望得到重用、希望出頭露面的野心受挫了，同時在情感上也是被澆滅了。她知道，高宗在太宗去世滿周年的時候，一定會來行香。這給了她很大的信心，才能夠堅持下來。她在尼姑庵裡寫詩，其中有一首收錄在《全唐詩》當中，名字叫做《如意娘》：「看朱成碧思紛紛，憔悴支離為憶君。不信比來長下淚，開箱驗取石榴裙。」

就是說，這一年，我天天在哭，我在想高宗，你不相信我怎麼想你嗎？我整個裙子是濕了又濕，濕了又濕，我都捨不得洗掉；為你流的眼淚，至今還鎖在我的箱子裡啊。永徽元年五月二十六日這一天，是唐太宗的周年忌日，按照唐朝的禮儀制度的規定，當老皇帝去世一周年的時候，新皇帝要帶領群臣和後宮的嬪妃，一起去皇家的寺廟裡面，給皇帝來行香祭祀。

有人認為，性格決定命運，一點不假，要換其他的皇帝，一年多了，估計早就把這事兒忘到九霄雲外去了，可是李治這個人就是那麼一個剪不斷理還亂的多情之人，所以才導致了這次見面。在貞觀末年，武則天對李治的這種吸引，不是一般的吸引，否則身為帝王，後宮佳麗三千，他怎麼可能想起一個關係不大的人，一年以後還想起她來呢？我想是武則天已經對他吸引得太深了。所以才會有《唐會要》上面的一段記載，說「上因忌日行香見之，武氏泣，上亦潸然」。兩個人是面對面潸然淚下，那叫一個情意綿綿。對於武則天來說，這是唯一的一次機會了。武則天採取的措施是哭，一見面不說別的，我上來先把你的心給你哭碎了。

武則天太了解李治了，李治是歷史上著名的會哭的皇帝。所以這一哭，就會勾起他這一年多來，壓在心裡的很多的情感，所以他再也逃不脫武則天布下的這種感情之網。武則天已經是二十五六的年齡，已經很成熟了，她對李治的把握是非常有信心的。

經過這麼一番激情的表演之後，李治沒有把武則天從感業寺裡給帶走。

在李治的心中，最大的問題就是名不正則言不順。武則天也有擔心。可是這一天很快就到來了，因為很快就有人從宮中給她送來一個消息，說皇后王氏讓你偷偷地把頭髮先蓄起來。這就奇怪了，為什麼不是李治下聖旨讓武則天開始蓄髮，而是王皇后找人送信讓她蓄髮呢？高宗從感業寺回來以後，很長一段時間裡面，表現得悶悶不樂，整天若有所思、失魂落魄的樣子，高宗在皇后的追問下就說，還記得我們去感業寺，我們在那裡碰到了武才人，我心裡現在惦記著她，可是很難想辦法，要她回來，應該怎麼辦呢？可是他沒有想到皇后那麼痛快，皇后說這個事兒你不要擔心了，我來給你辦理，我肯定把她給你接回來。王皇后腦子是不是進水了，把皇帝身邊這樣一個來路不明的所謂情人，接到自己身邊來，成為將來和自己爭寵的一個人？

王皇后有她現實的目的，當時在宮中有一個蕭淑妃，明顯地比皇后更得高宗的寵，更根本的一個原因，王皇后這些年以來沒有為李治生下個一男半女，而蕭淑妃為高宗生下了兩個女兒一個兒子，李素節。這就不一樣了。素節生下來不久，高宗就立他為雍王。按照慣例雍王這個封號，一般是不封給嬪妃所生的兒子的，除了太子之外，雍王是諸王當中地位最高的。所以那個時候皇后感到自己的地位有些威脅了，正好又碰上高宗這一段時間悶悶不樂，所以皇后就想到了一招她自認為的妙棋，就是想辦法讓高宗把武則天接進宮來，這樣就能夠讓高宗的心思轉移到這個成天日思夜想的女人身上來，把蕭淑妃忘到一邊去。對李治來說當然是喜出望外，正中下懷。在王皇后的安排下，大概在永徽元年的年底，或者永徽二年年初的時候，武則天就祕密回到了宮中，而且就在這時，武則天已經為李治懷上了身孕。這一年武則天剛好二十八歲，她的人生被分成兩個十四年，第一個十四年她終於是進到了唐太宗的後宮，後又用了十四年的時間，等待著再次回到皇宮啊。王皇后和武則天真的叫各懷心事，結果是陰差陽錯，一拍即合。這樣說來，王皇后也算得上武則天的恩人。

回到我們的話題上來。這回，您知道，中國的封建社會，不見容於宮廷的這些女子，為什麼非得要去尼姑庵裡「修行」了吧？您也就知道，尼姑庵的尼姑，憑什麼那麼惡毒？為什麼那麼惡毒了吧？一句話，尼姑庵的尼姑，當然是因為有強大的後臺的支撐啦！人家，那是隨時有可能東山再起的啦。

隆科多與太后

看過《後宮甄嬛傳》第四十九、五十兩集的朋友們，一定會注意到下面的情節：皇帝在剷除年氏一族及其黨羽後，開始著手處置年氏同黨、自己的舅舅隆科多。隆科多乃是母親皇太后昔日的舊情人，皇帝始終認為此事讓自己顏面無存，決心將其剷除。

這裡，就有個問題：說是太后昔日的舊情人，這自然是瞎說八道，但問題在於：歷史上的隆科多，到底是什麼人呢？

隆科多的祖父佟圖賴入關以後多次出征山東、山西、河南、湖廣等地，軍功卓著，歷任定南將軍、禮部侍郎，晉爵至三等子，死後又特贈為一等公，原因是「父以女貴」——隆科多的姑姑、佟圖賴的女兒，是順治皇帝孝康章皇后。孝康章皇后為順治皇帝生養的孩子便是日後的康熙皇帝。

老年隆科多

隆科多的父親佟國維既是康熙皇帝的舅舅，也是康熙皇帝的岳父——隆科多有一個姐姐和一個妹妹嫁給了康熙皇帝，分別成為康熙皇帝的皇后和貴妃。「父以女貴」，佟國維的地位自然尊崇。佟國維又曾三次跟從康熙皇帝親征噶爾丹，立功頗多。因此，佟國維也是仕途一路暢達，歷任侍衛、內大臣、領侍衛內大臣，晉爵一等公。

此外佟氏家族還有多人官至高位，當時有「佟半朝」之稱。隆科多生在這樣的家庭，注定了他一生位居極品，成為康熙、雍正兩朝的關鍵性人物。

因其祖父和父親的緣故，隆科多與康熙皇帝也有著雙層的親戚關係，既是康熙皇帝的表弟，也是康熙皇帝的內弟，自然受到重用。

歷史上記載的隆科多的崛起是在一六八八年——也就是康熙二十七年。這一年，他開始擔任康熙皇帝的一等侍衛。但此前的隆科多，他出生於哪一年，小的時候又幹過什麼事情？這一切，我們都不得而知。只是據說金庸先生寫的小說中的人物韋小寶的原型，就是我們本文的主人公隆科多。那麼，據此看來，隆科多還應該是康熙皇帝訓練的少年摔跤手，在擒拿鼇拜這場重頭戲中立下過汗馬功勞。之後不久，隆科多就被提拔為鑾儀使兼正藍旗蒙古副都統。一七〇五年，康熙皇帝「因所屬人違法妄行，諭責隆科多不實心辦事，革副都統、鑾儀使，在一等侍衛行走」。但到了一七一一年，他又重新受到重用，得授步軍統領的重要職位。步軍統領，俗稱九門提督，負責維持京城防衛和治安，並統帥八旗步軍及巡捕營將弁，權責重大，由皇帝特簡滿洲親信大臣兼任。由此可見康熙皇帝對其親信程度。隆科多出任步軍統領後，康熙皇帝通過朱批，語重心長地告誡他：「你只須行為端正，勤謹為之。此任得到好名聲難，得壞名聲易。（你的）兄弟子侄及家人之言，斷不可取。這些人初次靠辦一兩件好事，換取（你的）信任，之後必定對你欺詐哄騙。先前（的步軍統領）費揚古、凱音步、托和齊等，都曾為此所累，玷辱聲名。須時刻防範。慎之！勉之！」字裡行間中透漏出康熙皇帝對隆科多的關愛之情。但是康熙也同時指出，隆科多必須同自己的家人以及朋友保持距離，不參與結黨才可以保住步軍統領的位子。朱批中的告誡之語也讓隆科多如頭上高懸「達摩克利斯之劍」，做事時時謹慎。

隆科多的謹慎行事得到了回報。一七二〇年，康熙皇帝提拔隆科多「擢理藩院尚書，仍管步軍統領事」。在步軍統領的職責之外，康熙皇帝還交給他祕密的任務，不僅專門委派他祕密監視被圈禁的廢太子和大阿哥，隨時密奏二人的有關消息，還讓他祕密監視京師內的宗室王公和部院重臣的動向。這個時候的隆科多盡職盡責，表現出色，康熙皇帝生前曾多加讚賞。

正是由於康熙皇帝的信任以及自身的辦事精明，在康熙皇帝駕崩之時，隆科多是除皇子外在康熙皇帝身邊的唯一大臣，在皇位繼承時起了關鍵性的作用。

但在康熙皇帝身後，就不一樣了。隆科多正好在康熙皇帝逝世後才發揮步軍統領的關鍵作用，沒按康熙皇帝可能有的遺願擁立新君，而是從自身的榮華富貴出發，當機立斷，就近擁立皇四子胤禛，遂成為雍正初年政壇上風雲顯赫的人物。

一七二二年冬，康熙皇帝在暢春園病重，隆科多奉命於御榻前侍疾。

康熙皇帝駕崩以後，歷史將步軍統領隆科多推向了政治舞臺中心。當時在園內的皇子、后妃以及

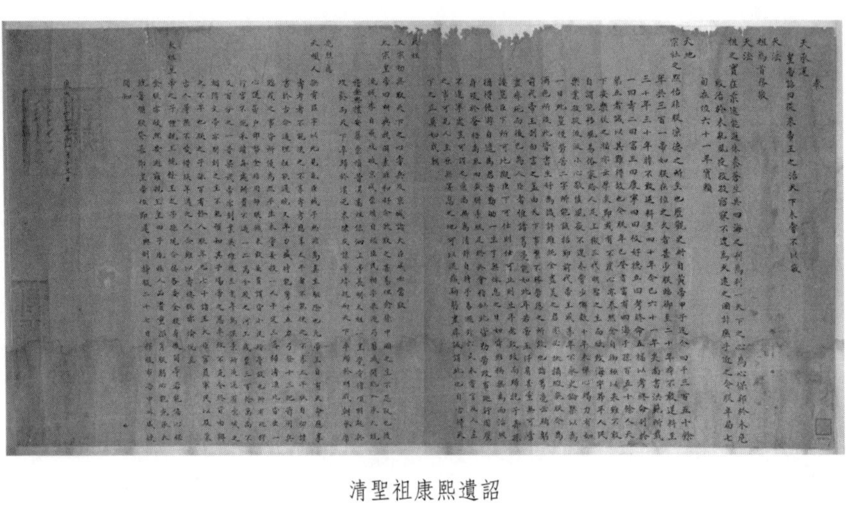

清聖祖康熙遺詔

很多重要大臣都被封鎖在了康熙皇帝的寢宮之外，康熙皇帝幾乎是在與外界隔絕的情況下突然死去，而又未宣布繼承人。在暢春園內，布滿了隆科多的警衛部隊。首先接到侍候康熙皇帝的太監密報之人，顯然是康熙皇帝晚年親信、在附近駐守保衛的步軍統領隆科多。想必沒有一個太監敢有膽量闖過隆科多的士兵去通知園內的皇子。隆科多在仔細思考，決定如何把握這天賜良機：他將康熙皇帝猝死的消息首先通知哪位皇子，哪位皇子就可以抓住這一瞬即逝的機會，假造傳位遺旨，登上皇位，而他以重兵擁戴之功必將得寵於新朝。該選擇誰呢？隆科多必然早已有了答案，但在康熙皇帝生前他是不可能有所表露的。在他未解開答案之前，他可能有三個選擇。

一是皇十四子胤禎，二是皇八子胤禩，三是一直不起眼的皇四子胤禛。隆科多為何最終選擇皇四子胤禛？除皇四子胤禛的竭力拉攏

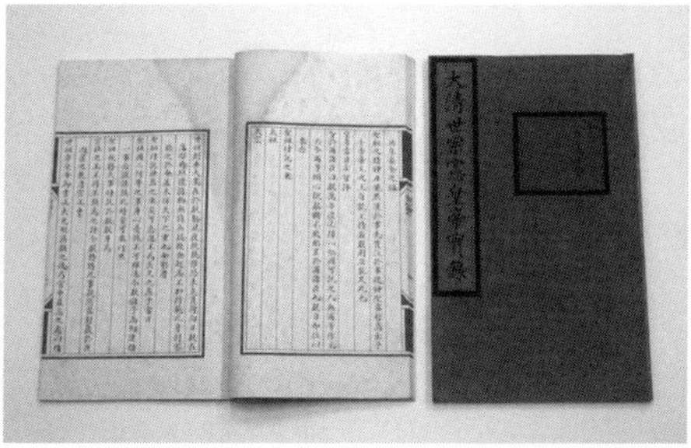

小紅綾本《大清世宗憲皇帝實錄》

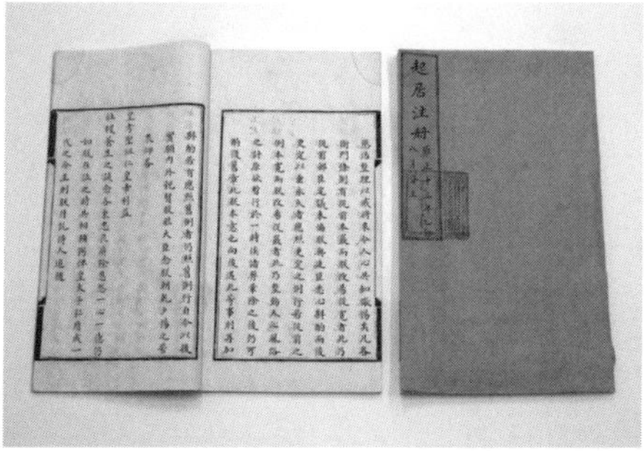

黃綾本《雍正朝起居注冊》

外，可能還有下面幾點原因：

第一，跟皇四子胤禛幼年經歷有關係。胤禛雖然生母和外祖父家世並不顯赫，但他幼年時曾由隆科多的姐姐、孝懿仁皇后撫養。故而，隆科多很容易親近皇四子胤禛。

第二，由於皇八子胤禩、皇十四子胤禎的支持者很多，其間權位在隆科多之上者大有人在。隆科多很難因此取得首屈一指的地位。

第三，他了解皇十四子胤禎的劣勢和皇四子胤禛的優勢。皇十四子胤禎雖然握有重兵，大有人望，但遠在千里之外，不易順利抵京。如果自己投向皇四子胤禛，則皇四子胤禛內有部隊控制京城局勢，外有川陝總督年羹堯截斷皇十四子胤禎與京城的聯繫，大有可成之機。

第四，暢春園內人員雜多，既有大臣，也有宗室，還有嬪妃，人們都對康熙皇帝病況極為關心，不易保密。這點不如秦始皇和明成祖崩逝時的情形。他們都是在出巡或行軍途中死去，只有貼身太監和近臣知曉，易於採取措施封鎖消息。

所以，隆科多就近不就遠，顧不得康熙皇帝的心願了，利用步軍統領的關鍵地位，假傳康熙皇帝遺旨，擁立皇四子胤禛即位。經過種種權衡考慮，關鍵時刻當機立斷，隆科多不愧有果敢眼光，一躍而成為新朝寵臣。

齊妃與弘時

看過《後宮甄嬛傳》第五十一、五十二兩集的朋友們，一定會注意到下面的情節：齊妃眼見兒子與皇后親熱的情景，深知自己的罪行會連累兒子前途。齊妃託付皇后照顧皇長子弘時，絕望自殺。這裡，就有個問題：齊妃是誰？弘時又是誰？

齊妃李氏，知府李文輝女。

三子，弘盼、弘昀、弘時，只有弘時活至成年，其他兩個皆殤；一女，下嫁星德。這裡，我們要注意，雍正皇帝共得十子四女。

長子弘暉，母孝敬憲皇后烏喇納喇氏，生於康熙三十六

青年齊妃李氏

年（一六九七）三月二十六日，殤於康熙四十三年（一七〇四）。實際上的第二子弘昐，因早殤而未序齒，康熙三十六年（一六九七）六月初二生，康熙三十八年（一六九九）二月二十九日殤。母齊妃李氏（時為雍親王側妃）。二子弘昀，母齊妃李氏（時為雍親王側妃），康熙三十九年（一七〇〇）八月初七日生，康熙四十九年（一七一〇）十月二十日殤。三子弘時，母齊妃李氏（時為雍親王側妃），生於康熙四十三年（一七〇四年）二月十三日，殤於雍正五年（一七二七）八月初六日。四子弘曆，清高宗，乾隆皇帝，母孝聖憲皇后鈕鈷祿氏（時為雍親王格格），生於康熙五十年（一七一一）八月十三日。知道吧，從一六九七年夏開始，直到一七〇四年為止的這很長一段時間裡，給日後的雍正皇帝生育過兒女的，就只有齊妃李氏了。附帶說一句，齊妃李氏為雍正皇帝所生的女兒也是在這一時期。

由此可見，這一時期齊妃李氏受寵的程度。

雍正皇帝第一子弘暉逝年八歲，第二子弘昀逝年十一歲。此後，弘時成為雍親王府邸的大阿哥。弘曆（乾隆皇帝）出生前，年已八齡的弘時，還是雍親王的獨子。

老年齊妃

可是，令人不解的是，雍正元年（一七二三）八月雍正皇帝宣布祕密建儲的決定時，卻以「諸子尚幼」為理由，認為不可舉行（公開）建儲。當時弘時已二十歲，絕非幼齡，況且其子，雍正皇帝的長孫永珅，也已三歲。雍正皇帝的上述話語，透露他在考慮皇嗣人選時，實際上已將弘時排除在外了。按常理而言，弘時應是雍正皇帝擇嗣時的首要人選。因為他既在諸子中排行最先，又已成人，且有子嗣，其生母李氏在雍邸時已是側福晉，其名份僅次於嫡福晉烏喇納喇氏。弘時的上述優勢，都是弘曆所不具備的。可是，雍正皇帝建儲時卻棄長而擇幼，選中比弘時小七歲，尚是一位少年，其生母鈕祜祿氏在雍邸時並無正式位號的弘曆。雍正皇帝為何不喜歡弘時呢？

弘時二十歲以前，先後經歷了康熙皇帝兩廢太子，諸皇子為謀取儲位拉黨結派，明爭暗鬥，皇十四子胤禎率師西征，收復藏地，康熙皇帝猝死，胤禛獲取皇位等一系列大事。乾隆皇帝稱弘時「放縱」、「不謹」，表明他具有率直、任性的性格特徵。儘管尚無史料予以證實，但根據雍正皇帝其後勒令他去做允禩之子這一情況，似可判斷早在雍正皇帝繼位前，弘時對於允禩等人，即有一定好感，他對康熙朝晚期儲位之爭的看法，具有與其父胤禛截然不同的傾向性。因此，雍正元年雍正皇帝祕密建儲時，當然要將這位懷有異志之子，排除在外。儘管如此，雍正皇帝繼位前，他與弘時之間並無明顯的利益衝突。當父子兩人分別完成從皇子到皇帝，從皇孫到皇子的角色轉換後，由於具有居長、生母地位較高等優勢條件，弘時對儲位懷有希冀，也是情理中事。然而，雍正皇帝祕密建儲後，這對父子的關係逐步惡化，雙方矛盾的性質，也隨之改變。

雍正元年（一七二三）八月，雍正皇帝的祕密建儲雖然做得十分縝密，但僅三個月後，便由他本人洩露了天機。是年十一月十三日是康熙皇帝周年忌辰，雍正皇帝並不親至景陵致祭，而是派年僅十三歲的愛新覺羅·弘曆代其前往。這是一個意味深長之舉：在位皇帝特遣未來的皇帝向升天的皇帝致祭，奏告王朝百年大計已定，儲位已有所屬，並祈求先帝在天之靈的佑護。對於雍正皇帝這一舉措最為敏感，且又因之最為沮喪者，莫過於弘時。一年後，他的疑慮再一次被證實。雍正二年（一七二四）底康熙皇帝「再期忌辰」，弘曆第二次「祭景陵」。至此，弘時對儲位的幻想已完全破滅，在怨恨與嫉妒心理的作用下，他進一步倒向雍正皇帝的反對派允禩一方，對其父所做一切持不以為然的態度。

雍正皇帝的繼位，使允禩等人所擁戴的皇十四子允禵帝夢成空，他們作為新帝的反對派，受到皇權的制約和打擊。雍正皇帝在祕密建儲中以弘曆為儲嗣，弘時繼承皇位的可能性永遠喪失。自身利益受到損害這一共同原因，使弘時與允禩等人在政治上相通相近，並對雍正皇帝產生極大不滿。從實質上看，雍正皇帝與弘時的矛盾，具有維護或削弱皇權的性質，隨著弘時與其父關係的惡化，他已逐步站到皇權的對立面，為皇權所不容。值得注意的是，雍正皇帝繼位後與弘時之間矛盾的發展，呈現出顯著的階段性特徵，從中也反映出祕密建儲之舉以及雍正皇帝對允禩等人的打擊逐步升級，對於他與弘時關係所產生的影響。

雍正皇帝繼位初始，對弘時尚懷有父子之情，為其擇師一事，頗費心思。雍正元年（一七二三）冬，五十六歲的安慶府教授王懋竑被召見，授翰林院編修，「命在三阿哥書房行走」。王懋竑原籍江蘇寶應，自幼師從叔父王式丹，「刻厲篤志，恥為標榜聲譽，精研朱子之學，身體力行」。雍正皇帝特從千里之外，找來一位惟謹惟慎，具有濃厚封建正統思想的宿儒，專門輔導弘時的學習，用心可謂良苦。這說明他對弘時尚抱有一定希望，認為後者或許能夠在師傅的言傳身教下，有所長進，改弦更張，使父子關係得到改善。

福建漳浦人蔡世遠被雍正皇帝選做弘曆與弘晝的師傅之一。史載，王懋竑上任後，與蔡世遠「同侍內廷，卯入酉出，敬謹奔走」。看來，雍正皇帝繼位後，即闔家遷入紫禁城皇宮，弘時雖已完婚生子，但亦同住宮內，並未分府另居。雍正皇帝所稱弘時「斷不可留於宮庭」，即指此而言。

清宮每年歲末，例由皇帝向大臣頒賜福字。元年十二月，雍正皇帝「命書房中有未得福字者，令親詣養心殿」。適逢「三阿哥奉差出府」，王懋竑「不往書房，不得與賜，而蔡公獨得之。次日，三阿哥言當請賜」，王懋竑「以小臣不敢請」，與戶部尚書張廷玉相商，張廷玉對他的態度深表讚賞。這件事中，弘時的率直性格與王懋竑的謹小慎微作風，都表露無遺。弘時的「奉差」則表明，此時雍正皇帝與弘時的關係尚未破裂。雍正二年（一七二四），王懋竑奔喪還鄉，雍正皇帝令其「治喪畢即來京，不必俟三年滿」。說明在他看來，王懋竑對弘時的規勸與教育，是無人能夠替代的。是年冬暮，有從京師至江南辦事的官員見到王懋竑，「促來春進京，且致三阿哥惓惓屬望之意」。足見弘時對師傅王懋竑頗有感情。更重要的是，這反映出直至雍正二年（一七二四）底，弘時的情況還屬正常。雍正三年（一七二五）八九月間，王懋竑扶病返京，但「養疴旅邸，不接一客」，半年後休致歸里。有關史籍記述他返京後的情況時，都隻字未提三阿哥，表明弘時這時已出事，雍正皇帝勒令他做允禩之子，當發生在三年（一七二五）八九月之前。王懋竑的養疴與休致，同他為避禍端而生急流勇退之念，或許也有一定內在聯繫。

促使雍正皇帝與弘時關係急劇惡化的具體原因與過程，已無考，但看來與清除反對派的進程，息息相關。雍正皇帝清除反對派的鬥爭始於雍正二年（一七二四）。翌年二月後，因「三年服闋」，雍正皇帝不再有所顧忌，打擊力度隨之加大。所以，雍正三年（一七二五）春夏之交，弘時因儲位落空而與皇父的矛盾迅速激化之際，也恰是雍正皇帝清除反對派的鬥爭全面展開的關鍵時期。正是在此期間，弘時的立場完全轉向允禩等人，同雍正皇帝的關係徹底破裂，按照他的稟性，甚至還可能公開表示對允禩等人的同情，以及對雍正皇帝的非議。這自然需要極大的勇氣，而允禩等人也會以各種方式，予以拉攏。弘時在受到被逐出宮、勒令為允禩之子的嚴懲後，並未退縮，依然故我。因此，四年（一七二六）二月，雍正皇帝將允禩、允禟等人從《玉牒》除名僅僅一個月後，對弘時也予以同樣懲處。三年（一七二五）春夏之間，雍正皇帝公開表示與弘時父子之情已絕，勒令他去做允禩之子，這不僅是為「教導」其他皇子，更重要的是為了警告仍「以允禩為屈抑」的諸王大臣們，「使知儆戒」。弘時被除宗籍，交與允祹「養贍」後，其心情與處境皆可想見。僅僅挨過一年半，二十四歲的弘時便鬱鬱而終，也是不難預料之事。

弘時事件，不僅是雍正皇帝個人家庭生活中的一幕悲劇，而且是那一特定歷史條件下，滿族統治集團內部權力之爭的產物。雍正皇帝在清除反對派的鬥爭中株連甚眾，打擊面過寬，以致遭到眾多皇室、貴族成員及朝臣們的抵制與暗中指責。這一不滿情緒與輿論勢頭之大，甚至衝擊到雍正皇帝本人的家庭，連其親子也加入反對派營壘，站到了他的對立面。雍正皇帝對弘時的嚴懲，只是可以洩憤於一時，卻無法改變他在清朝最高統治集團中的孤立處境。乾隆皇帝繼位後，立即著手解決宗室成員所受懲處問題，釋放允禩等人，恢復弘時的宗籍，並輔以其他一系列糾偏措施。這固然是為了促進宗室內部團結，以鞏固統治，但也間接表明，即使是雍正皇帝所選定的嗣皇帝，對於他的有關做法，同樣懷有異議，只是隱而不露罷了。

弘時事件發生在清朝皇位繼承制度由嫡長子皇位繼承制向祕密建儲制嬗變的轉型時期，是兩種皇位繼承模式交叉碰撞下出現的一個歷史現象。弘時對儲位的希冀，表明嫡長子皇位繼承制中有嫡立嫡、無嫡立長的觀念，對他已有較深影響，使之不自覺地以此作為要求雍正皇帝立己為嗣的根據。他在價值觀等方面，同清朝入關初期的皇子（如順治皇帝之子，實際為皇長子的福全以及康熙皇帝長子允禔）相比較，已有明顯不同，受到漢文化薰陶而留下的印記，在他身上更為突出。

祕密建儲並不能完全消除皇子對儲位的希冀，更無從根絕他們的權力欲望。弘時在雍正初年政治風雲中所扮演的角色，就是一個生動實例，此後清朝的歷史也將繼續證明這一點。

對食

看過《後宮甄嬛傳》第五十三、五十四兩集的朋友們，一定會注意到下面的情節：槿汐為促成甄嬛回宮，甘願自我犧牲，入宮找到皇帝身邊大太監蘇培盛，做其「對食」妻子。這裡，就有個問題：「對食」，是什麼意思？

宦官無妻而宮女無夫，兩者由此而結成臨時伴侶，以慰深宮之寂寞，這種關係稱為「對食」。對食最早見於漢代，從這一稱呼本身來分析，可能是宦官、宮女在一起吃飯，還不含有共寢之意。隋唐五代時期的《宮詞》有云：「莫怪宮人誇對食，尚衣多半狀元郎。」這大致反映出此時宮中也有對食的現象。迨至明代，宦官與宮女因相互撫慰而結為對食的情形已相當普遍，甚至於一個宮女入宮很久而無對食，會遭同伴取笑為「棄物」。一旦宦官與宮女兩情相悅，還有熱心而甘當媒妁的人為之撮合。究其緣由，則在於宮中低級宦官無力娶妻納妾，宮女又很少有機會被皇上臨幸，宦官和宮女便只有自己尋求安慰，所謂「宮掖之中，怨曠無聊，解饞止渴，出此下策耳」。

明代宦官與宮女之間的伴侶關係，又有「菜戶」之稱。從史料分析，菜戶與對食應是有區別的。對食可以是宦官、宮女之間，也可以是同性之間，且大多具有臨時性；而可稱為「菜戶」的宮女與宦官，多共同生活，如同夫妻，具有相當的穩定性。明朝初年，朱元璋對宦官與宮女之間的這種行為深惡痛絕並嚴加取締，對娶妻成家的宦官更處以十分殘酷的剝皮之刑。但自永樂而後，宦官地位上升，這一禁令隨之煙消雲散，史載：「宮人無子者，各擇內監為侶，謂菜戶。其財產相通如一家，相愛如夫婦。既而嬪妃以下，亦頗有之，雖天子亦不之禁，以其宦者，不之嫌也。」大致類似的史料也見於野史。據《萬曆野獲編》所載，最初因值房宦官和司房宮女接觸較多，便逐漸產生感情。宦官以此為基

對食：太監娶宮女

宮女與太監

礎，往往主動替宮女採辦衣食、首飾及日用雜物，以表達追慕之情。宮女若相中此宦官，即可結成伴侶，稱為菜戶。菜戶在明代宮中是公然允許的，即使是皇帝、皇后有時也會問宦官：「汝菜戶為誰？」宦官只據實回答即可。宦官與宮女成為「菜戶」後，唱隨往還，形如夫妻。宦官對所愛的宮女固然是任勞任怨，聽憑驅使，宮女也會心疼宦官，不讓他幹太多的活兒，而是支使別的宦官去幹。宮中有些地位低賤、相貌醜陋且又年歲較大的宦官自知不可能被宮女看上，便甘心做菜戶之僕役，為其執炊、搬運、漿洗，宮女每月付給他們一定的銀兩。在這種情況下，一些善烹飪的宦官便成為追逐的對象，所得的報酬也較多，最多的一月可賺到四五兩銀子。這些宦官身著沾滿塵土和油漬的衣服，背著菜筐，出入宮廷，購買一應所需雜物。

結為「菜戶」的宮女、宦官，多在花前月下彼此盟誓，終生彼此相愛，不再與別人發生感情。宦官如果發現他所愛的宮女移情別戀，往往萬分痛苦，但不會對宮女如何，卻常常與其情敵發生尖銳的衝突。萬曆年間鄭貴妃宮中的宮女吳氏，曾和

晚清宮女照片

宦官宋保相愛，後來又移情於宦官張進朝。宋保不勝憤怒，終至萬念俱灰，出宮削髮為僧，一去不返。宮中的宦官對宋保評價極高。如吳氏移情別戀的情形在明宮中較為少見，宮女和宦官結為「菜戶」後大多能終身相守，並且彼此都以守節相尚。如果其中一方死去，另一方則終身不再選配。《萬曆野獲編》曾記載，有一個讀書人寓居於城外寺廟中，見寺中有一室平日緊鎖，甚覺奇怪。趁寺廟中人打掃的機會，他進去看了一下，竟發現裡面全是宮中宦官奉祀的已亡宮女的牌位。牌位上都寫有宮女的姓名。寺廟中人告訴這位讀書人，每逢宮女的忌日，與其結為菜戶的宦官便會前來致祭，其悲傷號慟，情逾尋常夫妻。

當然，我們也應該知道，宮女和太監「對食」在明朝有，而在清朝則是被禁止的，個別偷著幹，也可能有。但公然「對食」，則顯然是不可能的。清朝皇宮的內務府有很多機構，其中就有慎刑司。宮中的太監、宮女如若違規、犯法，不會被交給刑部處理，而是由宮廷內部「司法」解決。其實，這些事都要報告皇帝，皇帝決定了再由具體部門去辦。

清朝宦官

弘曆與鈕祜祿氏

看過《後宮甄嬛傳》第五十五、五十六兩集的朋友們，一定會注意到下面的情節：為使甄嬛順利回宮，皇帝決定為甄嬛改姓鈕祜祿氏，封為熹妃，並稱其為皇四子弘曆（日後的乾隆皇帝）的生母，甄嬛這才得以回宮。

這裡，就有個問題：乾隆皇帝到底是誰的孩子，他與鈕鈷祿氏到底是什麼關係？

乾隆皇帝的生母，正史記載為「原任四品典儀官、加封一等承恩公凌柱女」；野史傳說則有多種說法，如熱河宮女李金桂、內務府包衣女子、傻大姐、「村姑」、海寧陳夫人等。我們由此可以確信，乾隆皇帝的生母到底是誰，的確是一樁歷史疑案。乾隆皇帝的生母出了疑案，這不但在清朝十二帝中是僅有的，在中國歷史上也是罕見的。

乾隆皇帝的生母疑案到底是怎麼產生的呢？話還要從乾隆皇帝的出生談起。

一七一一年九月八日，康熙皇帝從北京出發到達避暑山莊，一七一一年十一月二日回到北京。其間，乾隆皇帝的父親雍親王胤禛，一七一一年九月八日赴熱河請安，一七一一年九月二十五日，乾隆皇帝出生。這中間只有十七天。就是說如果乾隆皇帝在避暑山莊出生，那麼他母親在臨產前十七天，大腹便便，行動不便，怎麼會到避暑山莊去呢？乾隆皇帝的生母或許另有其人？

正史上對此沒有分析，野史記載與民間傳說倒是有多種說法：

第一種傳說，乾隆皇帝生

乾隆生母孝聖憲皇后（崇慶皇太后）朝服像

母是浙江海寧大學士陳世倌的夫人。

海寧在清朝有「陳氏三宰相」——順治朝大學士陳之遴、康熙朝大學士陳元龍、雍正朝大學士陳世倌。這裡需要說明的是，「陳氏三宰相」都不是靠裙帶關係，而是靠自身能力當上大學士的。

陳世倌，俗稱陳閣老，在康熙年間入朝為官。傳說陳世倌與雍親王一家常有來往，今天陳閣老的舊宅，還保存有一塊九龍匾，據說是雍正皇帝親筆書寫的。

當代香港小說家浙江海寧人金庸的武俠小說《書劍恩仇錄》便是圍繞乾隆身世之謎展開的。金庸在小說中有聲有色地寫道：那一年恰好雍親王的福晉和陳閣老的夫人，同月同日分別生了孩子。雍親王就讓陳家把孩子抱入王府看看。陳世倌的小孩兒抱進雍親王府，哪知抱進去的是兒子，抱出來的卻是女兒。陳世倌知是皇四子掉的包，大駭之下，一句都不敢洩露出去。那換入宮中的男孩，就是後來的乾隆皇帝。這個故事一出籠，乾隆皇帝是陳閣老的兒子的傳說，便越傳越廣，越講越真。

此外，許嘯天在《清宮十三朝演義》中還居然說乾隆皇帝六下江南的目的就是探望自己的親生父母。他六次南巡竟有四次住在陳閣老家的安瀾園，為的就是與生身父母相聚。

其實，這個說法是很有問題的。孟森先生的著作《海寧陳家》就考證出了這種說法的幾個方面存在的問題：

第一，乾隆皇帝南巡第一次、第二次都沒有到海寧。第三次到海寧的時候，陳世倌已死。可見乾隆皇帝下江南為了看望他的生身父母的傳說純粹是捕風捉影，根本沒有根據。

第二，陳家的園子原來叫「隅園」，因位於城的一隅而得名。乾隆皇帝第四次南巡住隅園，同浙江海塘工程有關，所以乾隆皇帝將「隅園」改名為「安瀾園」。

第三，關於「調包」的故事，清朝中期就有傳說。先說康熙皇帝出自陳家，後來這個傳說不攻自破，就又移花接木，安在乾隆皇帝的頭上。

當然，人家金庸先生寫了一篇文章最後附在《書劍恩仇錄》後面，說此故事純屬虛構。陳家洛這個人是我杜撰的，他可不是乾隆皇帝的弟弟。同時金庸先生還聲明說，人家孟森先生也考據過了，認為乾隆皇帝是海寧陳家之子這個說法靠不住，金庸先生也承認了。

其實，乾隆皇帝出生時，雍正皇帝的長子、次子雖已幼年早死，但第三子已經八歲，另一個妃子又即將臨產。且這個時候的雍正皇帝才三十四歲，正當壯年，他怎麼會在已經有一個八歲兒子的情況下，急急忙忙、偷偷摸摸地用自己的女兒去換陳家的兒子？這從情理上也是說不通的。退一步說，其時雍正皇帝並不知道自己將來能否登上皇位，又怎麼會知道陳家兒子是有大福之人呢？

乾隆皇帝出生的第二種傳說的提出者是王闓運。王闓運是曾國藩的幕友，還做過大學士肅順的西席（家庭教師），也是晚清著名的詩人。他提出，乾隆的生母雖然是鈕祜祿氏，但的確與避暑山莊有關。王闓運是在他《湘綺樓文集》裡提到乾隆之母：

> 始在母家，居承德城中，家貧無奴婢，六七歲時父母遣詣市買漿酒粟麵，所至店肆大售，市人敬異焉。十三歲時入京師，值中外姐妹當選入宮……孝聖容體端頎中選，分皇子邸，得在雍府。

後來雍親王生病，此女日夜服侍。數月雍親王病癒，她懷孕生下了乾隆皇帝。張采田《清列朝后妃傳稿》中轉引王闓運《湘綺樓文集》的記載，促發人們更加注意這個疑案。

這一富於傳奇色彩的說法是否可信呢？

實際上，清朝選秀女制度是非常嚴格的，從清宮《欽定宮中現行則例》中，可以看到當時清宮的一些有關規定。清宮的門衛制度更是森嚴，怎麼可能讓承德地方一個女子混進皇宮並入選秀女呢？所以這種傳說是靠不住的。

乾隆皇帝出生的第三種傳說是曾做過熱河都統幕僚的近代作家、學者冒鶴亭提出的。他認為，乾隆皇帝的生母是熱河漢人宮女李佳氏。上海淪陷期間，作家周黎庵寫了《清乾隆皇帝的出生》一文，發表在一九四四年五月一日出版的《古今文史》半月刊上，援引冒鶴亭的說法，並添加雍正皇帝喝鹿血等情節，增加了故事性。

根據這個說法，說雍正皇帝還在做雍親王時，一年秋天在熱河打獵，射中一隻梅花鹿，雍正喝了鹿血。鹿血壯陽，雍親王喝後躁急，身邊又沒有王妃，就隨便拉上山莊內一位很醜的李姓漢族宮女幸之。第二年，康熙皇帝父子又到山莊，聽說這個李家女子懷上了「龍種」，就要臨產。康熙皇帝發怒，追問：「種玉者何人？」雍親王承認是自己做的事。康熙皇帝怕家醜外揚，就派人把她帶到草棚。醜女在草棚裡生下一個男孩，就是後來的乾隆。

臺灣學者莊練（蘇同炳）在《乾隆出生之謎》文中、臺灣小說家高陽在《清朝的皇帝》書中，都認同這一說法，甚至於提出李氏名叫金桂，因為她「出身微賤」，而旨令鈕祜祿氏收養這個男孩，於是乾隆之母便為鈕祜祿氏。

問題在於，這一說法是否可信呢？

儘管乾隆皇帝生在草棚的傳說流傳很廣、故事生動、影響也很大，但那畢竟是野史，是靠不住的。

乾隆皇帝出生的第四種傳說，民國時期曾任國務總理的熊希齡，從「老宮役」口中聽得所謂乾隆生母的故事，並對胡適之講道：「乾隆皇帝之生母為南方人，渾名『傻大姐』，隨其家人到熱河營生。」這種傳說因《胡適之日記》而流傳甚廣。

但是，我們仍然認為，這一說法純粹是瞎說。

到底乾隆皇帝的出身是否有問題呢？

有！的確有問題。乾隆的生母，的確存在文獻與檔案上的疑點：

成書於乾隆十七年（一七五二）的蕭奭的《永憲錄》卷二記載：雍正元年十二月二十二日（一七二四年一月十七日），上御太和殿。遣使冊立中宮納喇氏為皇后。詔告天下，恩赦有差。封年氏為貴妃，李氏為齊妃，錢氏為熹妃，宋氏為裕嬪，耿氏為懋嬪。

我們要注意的是，這裡的「錢氏為熹妃」。

蕭奭在這本書中還提出：「齊妃或云即今之崇慶皇太后。俟考。」就是說，在當時就有人對乾隆皇帝的生母是誰提出了懷疑。

高陽先生在《清朝的皇帝》一書中認為：蕭奭《永憲錄》中，「這『俟考』二字，是一暗示，是一隱筆兼曲筆的巧妙暗示；齊妃非高宗生母，而故意這樣寫，是曲筆；齊妃李氏，暗示高宗生母姓李，此為曲筆。」但是，高陽沒有看到清宮的檔案。

清朝政府有個規定，皇帝家族生兒育女，每三個月要上報一次，寫明出生時間和生母。每隔十年，根據出生和死亡記錄的底稿，添寫一次皇室族譜，就是《玉牒》。在中國第一歷史檔案館保存的《玉牒》和生卒記錄底稿上，都清楚地寫著世宗憲皇帝（雍正）第四子高宗純皇帝（乾隆），於康熙五十年辛卯八月十三日，由孝聖憲皇后鈕祜祿氏、凌柱之女誕生於雍和宮。

但是，這位鈕祜祿氏是何許人？

清宮檔案《雍正朝漢文諭旨彙編》雍正元年（一七二三）二月十四日記載：「雍正元年二月十四日（一七二三年三月二十日）奉上諭：尊太后聖母諭旨：側福晉年氏，封為貴妃，側福晉李氏，封為齊妃，格格錢氏，封為熹妃，格格宋氏，封為裕嬪，格格耿氏，封為懋嬪。該部知道。」

同一件事，《清世宗憲皇帝實錄》卻記載：「諭禮部：奉皇太后聖母懿旨：側妃年氏，封為貴妃；側妃李氏，封為齊妃；格格鈕祜祿氏，封為熹妃；格格宋氏，封為懋嬪；格格耿氏，封為裕嬪。爾部察例具奏。」

這問題就出來了。熹妃這個人，她到底是姓鈕祜祿還是姓錢呢？因為鈕祜祿氏是滿族姓，錢是漢姓。那她們兩個怎麼能湊成一個人呢？

我們可以作如下解釋：格格錢氏與格格鈕祜祿氏是一個人。因為她們都是同一天、都是奉皇太后的懿旨受封，所以熹妃只能是一人。

雍正元年八月十七日（一七二三年九月十六日），雍正皇帝正式設立祕密立儲制，指定弘曆為皇太子。他的母親總要有一個高貴的出身。因此，雍正皇帝將熹妃錢氏篡改為鈕祜祿氏。是否可能由內大臣「滿洲鑲黃旗人四品典儀凌柱」將錢氏認作乾女兒？如果事實如此，就解決了乾隆皇帝生母的身分與姓氏的難題。

據此，我們可以斷定，這個乾隆皇帝的生母錢氏與鈕祜祿氏應該是同一個人。

這裡的問題在於，乾隆皇帝的生母到底應該是姓錢還是姓鈕祜祿呢？

根據我們的判斷，乾隆皇帝的生母本來是個漢人，姓錢。後來因為生育了乾隆皇帝，雍正皇帝擔心這個漢族女子所生養的孩子將來在繼承皇帝位置之後出現什麼問題，而刻意地把錢氏過繼給滿洲鑲黃旗人四品典儀鈕祜祿・凌柱從而成為熹妃鈕祜祿氏。只有這樣說，一切才顯得合理。

建立在這種假設的前提下，我們的問題就來了，這個錢氏是哪裡人呢？我們的結論是：吳越王錢鏐在嘉興的後裔。證據如下：

據歷史記載，乾隆皇帝六下江南，都有同樣一家人相伴，這家人就是吳越王錢鏐後裔嘉興錢氏的二十六世孫錢陳群、二十八世孫錢載，他們祖孫二人曾經六伴乾隆巡遊江南，留下了許多佳話。

一七五一年，乾隆皇帝首下江南。南書房近臣、刑部侍郎錢陳群扈從乾隆皇帝出巡。遊嘉興南湖時，乾隆皇帝索閱錢陳群《香樹齋詩集》，並親筆在錢陳群母親陳書所作「夜紡授經圖」上御書「清芬世守」四字。錢陳群感恩戴德，取乾隆皇帝御題，定本宅堂號為「清芬堂」。

「夜紡授經圖」畫的是慈母邊紡紗勞作，邊教子讀書之景。乾隆皇帝返京後，為該畫所感動，遂寫七絕二首。其一曰：「五鼎兒誠慰母貧，吟詩不覺鼻含辛，嘉禾欲續賢媛傳，不愧當年晝荻人。」錢陳群喜將御詩裱於「夜紡授經圖」之首。當朝名公巨卿陳元龍、張廷玉等十三人繼而紛紛附以題跋題詩，後此圖以石刻拓成長卷，稱「御筆石芝圖」，分由錢氏族人珍藏。

乾隆皇帝二下江南時，錢陳群再次扈駕同巡。行前，錢奏箋獻詩，仰求訓示。乾隆皇帝南巡途中，詩興勃發，步錢陳群詩原韻和詩十首。臣唱君和，朝野罕聞，乾隆皇帝與錢陳群的君臣之誼，文字知交，不同凡響。

乾隆皇帝第三次南巡時，已告歸在禾的錢陳群即赴常州恭迎聖駕，伴君巡遊無錫、蘇州、嘉興、杭州等地。

乾隆皇帝四下江南，到嘉興後駐蹕煙雨樓，又召七十九歲高齡的錢陳群吟詩論文，其樂融融。乾隆第五次、第六次南巡時，嘉興錢氏由翰林院修編、內閣學士錢載代表錢氏後裔赴杭州錢王祠迎駕陪祭……

乾隆六下江南，嘉興錢氏次次相隨，同一族人自始至終伴君巡遊者，歷史上恐怕就此一例。因此，我們可以斷定，乾隆皇帝堅持要「六下江南」，其最主要的目的就是返鄉探親。因為，乾隆皇帝的母親本身是個南方人，所以他很早就對南方有很多興趣！

欽天監和皇曆

看過《後宮甄嬛傳》第五十七、五十八兩集的朋友們，一定會注意到下面的情節：皇帝命蘇培盛請來欽天監副使季惟生觀看天象，季惟生以「危月燕沖月」之不祥之兆暗示安陵容的命理不祥，與太后等人相沖，需以靜修為宜。皇帝深信不疑，決定遠離陵容，並晉升季惟生掌管欽天監正使一職。

這裡，就有個問題：欽天監有那麼厲害嗎？皇曆是怎麼產生的？

董仲舒改傳統儒家思想，「君權神授」成新儒學核心。之後，欽天監日益重要。

欽天監，官署名。掌觀察天象，推算節氣，制定曆法。秦、漢至南朝，太常所屬有太史令掌天時星曆。隋祕書省所屬有太史曹，煬帝改曹為監。唐初，改太史監為太史局，嗣曾數度改稱祕書閣、渾天監察院、渾儀監，或屬祕書省。開元十四年（七二六），復為太史局，

順治朝欽天監監正湯若望

屬祕書省。乾元元年（七五八），改稱司天臺。五代與宋初稱司天監，元豐改制後改太史局。遼南面官有司天監，金稱司天臺，屬祕書監。元有太史院，與司天監，回回司天監並置。明初沿置司天監、回回司天監，旋改稱欽天監，有監正、監副等官，末年有西洋傳教士參加工作。清沿明制，有管理監事大臣為長官，監工、監副等官滿、漢並用，並有西洋傳教士參加。乾隆初曾定監副以滿、漢、西洋分用。後在華西人或歸或死，遂不用外人入官。

黃曆，是在中國農曆基礎上產生出來的，帶有許多表示當天吉凶的一種曆法。黃曆相傳是由軒轅黃帝創制，故稱為黃曆，民間又俗稱為「通書」。但因通書的「書」字跟「輸」字同音，因避忌故又名通勝。黃曆也叫皇曆，是古代帝王遵循的一個行為規範的書籍，這裡面不但包括了天文氣象、時令季節而且還包含了人民在日常生活中要遵守的一些禁忌，由於它是皇帝家族才可以用的，所以就叫「皇曆」，辛亥革命以後打倒了帝制，才把「皇曆」改寫成「黃曆」了。

故宮日晷

現在的黃曆中也有陽曆。黃曆是中國農村許多年來（直至解放初年）廣大人民都在用的一種記時令的冊子，包含陰曆、陽曆（陽曆本來是沒有的）、氣候、播種時令，以及占卜凶吉（年歲好壞與日子吉祥與否），其中寫得非常具體，而且通常世代相傳。

黃曆的術數內容常被批評為迷信。信奉基督教的太平天國頒行的黃曆就刪去所有禁忌，只註明節氣與禮拜天；清宣統年間頒布的黃曆，也禁止刊載宜忌、沖煞、方位、流年、太歲；臺灣日治時期的黃曆，也只有「宜」而無「忌」；臺灣光復後，又全都恢復了。

古時曆書係由欽天監發布，民國之後則是由五術、擇日師排出「通書」，各地命相師可掛上各家堂號另行出版，或賣出版權由公私機關印行當贈品。千餘年來，黃曆一直是中國民間最暢銷的書籍，目前臺灣地區每年印製的黃曆大約為五六百萬本左右。不少現代人仍然對黃曆有很深的依賴。學者認為，黃曆流行千年反映了華人因為生活的不確定性，而對擇吉思想的篤信不疑。

北京古觀象臺

弘瞻是誰的孩子

看過《後宮甄嬛傳》第五十九、六十兩集的朋友們，一定會注意到下面的情節：甄嬛受驚嚇難產，艱難之下痛苦誕下龍鳳胎。皇帝喜獲一雙兒女，即刻下旨：永壽宮熹妃（甄嬛）晉熹貴妃，於皇子滿月之日同冊嘉禮；熹貴妃出月後賜協理六宮之權。皇帝為龍子賜名弘瞻，公主賜名靈犀。

這裡，就有個問題：雍正的妃子是否曾經有過龍鳳胎？弘瞻到底是誰的孩子？

首先說明，在大清王朝的歷史上，是從來沒有出現過龍鳳胎的——別說龍鳳胎了，就連雙胞胎都沒有出現過。下面再來說明，弘瞻到底是誰的孩子。前面，我們說過了，甄嬛理論上就是熹妃鈕祜祿氏。問題在於：弘瞻到底是不是熹妃鈕祜祿氏的孩子呢？

答案顯然是否定的。歷史上的熹妃鈕祜祿氏只有乾隆皇帝這一個孩子。

愛新覺羅．弘瞻是雍正的第六子，序齒排行為第十子，是乾隆最小的弟弟。他生於一七三三年，母親是謙妃劉氏。謙妃劉氏，管領之劉滿的女兒，一七一四年生，一七二九年入宮，初為劉答應，一七三〇年晉為劉貴人，一七三三年生皇六子圓明園阿哥弘瞻，封謙嬪。一七三七年晉尊皇考謙妃。一七六七年薨，年五十四。子一，皇六子弘瞻。

弘瞻是康熙皇帝的第十七子果親王允禮的繼子。允禮的第一個兒子在六個月的時候夭折，沒有子嗣。一七三八年，莊親王允祿奏請把弘瞻過繼給允禮，乾隆准奏，並命其承襲果親王。他幼時常住在圓明園，又被稱作「圓明園阿哥」。

弘瞻是乾隆皇帝的弟弟，乾隆即帝位時他只有兩歲，乾隆對於這個幼弟非常喜愛。一次，小弘瞻在圓明園內玩耍，乾隆看到了他，召他近前想和他說話，他卻害怕皇帝哥哥，一溜煙跑掉了。乾隆皇帝滿心不高興，不好責怪小孩子，把太監們罵了一頓。這些小事情並沒有影響乾隆對他的喜愛，乾隆特意請了名師來教導他。這位老師是著名的詩人沈德潛。沈

青年弘瞻（果恭郡王）

德潛在乾隆初年已經聞名遐邇，乾隆早就聽說他的大名，非常仰慕他。這樣的大師作為弘瞻的老師，他終於學有所成，被譽為「詩宗歸於正音，不為凡響」，成為善詩詞的弟子。弘瞻博學多知，收藏了很多書籍，他的書房可與怡王府的明善堂相媲美。弘瞻「善詩詞，雅好藏書，與怡府明善堂埒」。

隨著弘瞻漸漸長大，乾隆也開始委以重任。一七五〇年弘瞻剛滿十八歲，乾隆就讓他管理武英殿、圓明園八旗護軍營、御書

中年弘瞻

處、藥事房。又過了兩年，乾隆又讓他負責管理造辦處事務。繼父允禮作為乾隆皇帝的長輩和臣子，生前頗受皇帝的信任。乾隆即位後，命他總理事務，賜親王雙俸。這樣允禮「在諸王中較為殷富，弘瞻既得嗣封，租稅所入，給用以外，每歲贏餘，不啻鉅萬」。允禮去世後，弘瞻承襲了果親王，年輕位尊的弘瞻漸漸有了一些浮躁，給自己造成了不可收拾的惡果。

弘瞻喜好積聚錢財，自己的行為放縱不檢，對待下屬卻很苛刻嚴厲。本來很富有卻仍舊瘋狂斂財，他「居家尚節儉，俸饗之銀，至充棟宇」。他還因開設煤窯而強佔平民產業。他勢寵自傲的種種作為，慢慢引起了乾隆的不滿。一次，他奉命前往盛京恭送《玉牒》，他卻上奏要先去打獵，然後再去盛京。乾隆皇帝非常生氣，屢加訓飭。弘瞻仗著御弟身分，以為這些小事情，皇帝不能把自己怎麼樣。乾隆對他的不滿日積月累，終於在一七六三年一併爆發：當時審理兩淮鹽政高恒替京師王公大臣販賣人參牟利一案，高恒供稱：弘瞻因欠了商人江起鐠的錢，派王府護衛帶江起鐠到高恒處，託售人參，牟利以償還欠債。這件事大失御弟的身分。乾隆皇帝決心進一步查究，查出弘瞻令各處遣關差購買蟒袍、朝衣、刺繡、古玩以及優伶，只給很少的價錢。又朝廷荀振官吏，弘瞻以門下私人囑託軍機大臣阿里衮選用，阿里衮未答應。乾隆皇帝對此事極為惱火，斥責弘瞻冥心干預朝政毫無顧忌。

乾隆皇帝決定要懲誡這位放縱的幼弟，把他一切乖謬的行為揭發出來，算一筆總帳。弘瞻的生母謙妃壽辰的時候，乾隆沒有加賜稱祝，弘瞻忿激不滿，形之於色，向乾隆皇帝陳詞諷刺，乾隆反駁他：坐擁厚祿，侍奉母妃菲薄，反而常向母妃索取財物，為人子的能這樣做嗎？還有一次，圓明園「九州清宴」失火，諸王都進園救火，弘瞻住處離得最近，來得最晚，並且和皇子們嘻嘻哈哈，毫無關念之情。又弘瞻和弘晝一起，至皇太后宮中請安，在皇太后座旁膝席跪坐，該處正好是皇帝平日跪坐之地，乾隆皇帝責備兩個弟弟「儀節僭妄」。最終乾隆皇帝給予了弘瞻嚴厲的處罰：一七六三年九月初四日貝勒弘瞻交罰銀一萬兩，九月初九日廣儲司奏為銷毀親王金寶一顆。弘瞻由郡王降為貝勒，罷免了所有官職，連弘晝亦因於皇太后前「跪坐無狀」，被罰王俸三年。

弘瞻被革職後，閉門家居，抑鬱不歡，一病不起。病危時，乾隆皇帝親臨視疾，弘瞻在衾褥間叩首謝罪。乾隆皇帝被手足之情所感動，嗚咽失聲，拉著弘瞻的手說：我因你年少，故而稍加處分，以改變你的脾氣，想不到你會因此得這樣重的病。之後乾隆下令恢復弘瞻郡王的封爵，遺憾的是弘瞻不久即死，時在一七六五年，年三十三歲，謚曰恭。弘瞻死後乾隆極為悔痛，為其製作了詩文，流露出了對這個弟弟的喜愛和痛惜。

妃子有匕首嗎

看過《後宮甄嬛傳》第六十一、六十二兩集的朋友們，一定會注意到下面的情節：葉瀾依在御花園碰到甄嬛，假意邀請甄嬛、浣碧到自己的春禧殿小坐。途徑一偏僻處，葉瀾依突然抽出匕首抵住甄嬛脖頸，斥責甄嬛對果郡王的薄情。

這裡，就有個問題：皇宮內的妃嬪可以有匕首嗎？先講個「圖窮匕首見」的故事。

話說原在秦國當人質的燕太子丹恨透了秦國。他把家產全拿出來，物色到了一個很有本領的勇士，名叫荊軻。他把荊軻收在門下當上賓，把自己的車馬給荊軻坐，自己的飯食、衣服讓荊軻一起享用。荊軻當然很感激太子丹。

西元前二三〇年，秦國滅了韓國。過了兩年，秦國大將王翦佔領了趙國都城邯鄲，一直向北進軍，逼近了燕國。十分焦急的燕太子丹去找荊軻。荊軻說：「要挨近秦王身邊，必定得先叫他相信我們是向他求和去的。聽說秦王早想得到燕國最肥沃的土地督亢（河北涿州一帶）和流亡在燕國的秦國將軍樊於期。我要是能拿著樊將軍的頭和督亢的地圖去獻給秦王，他一定會接見我。這樣，我就可以對付他了。」太子丹感到為難，說：「督亢的地圖好辦；樊將軍受秦國迫害來投奔我，我怎麼忍心傷害他呢？」荊軻知道太子丹心裡不忍，就私下去找樊於期，跟樊於期說：「我有一個主意，能幫助燕國解除禍患，還能替將軍報仇，可就是說不出口。」樊於期連忙說：「什麼主意，你快說啊！」荊軻說：「我決定去行刺，怕的就是見不到秦王的面。現在秦王正在懸賞通緝你，如果我能夠帶著你的頭顱去獻給他，他準能接見我。」樊於期說：「好，你就拿去吧！」說著，就拔出寶劍，抹脖子自殺了。

太子丹事前準備了一把鋒利的匕首，叫工匠用毒藥煮煉過。誰只要被這把匕首刺出一滴血，就會立刻氣絕身死。他把這把匕首送給荊軻，作為行刺的武器，又派了個年才十三歲的勇士秦舞陽，做荊軻的副手。西元前二二七年，荊軻從燕國出發到咸陽去。太子丹和少數賓客穿上白衣白帽，到易水（河北易縣）邊送別。臨行的時候，荊軻給大家唱了一首歌：「風蕭蕭兮易水寒，壯士一去兮不復還。」大家聽了他悲壯的歌聲，都傷心得流下眼淚。荊軻拉著秦舞陽跳上車，頭也不回地走了。

很快，荊軻就來到了秦都咸陽。秦王嬴政一聽燕國已經派使者把樊於期的頭顱和督亢的地圖都送來了，十分高興，就命令在咸陽宮接見荊軻。

朝見的儀式開始之後，荊軻捧著裝了樊於期頭顱的盒子，秦舞陽捧著督亢的地圖，一步步走上秦國朝堂的臺階。秦舞陽一見秦國朝堂那副威嚴樣子，不由得害怕得發起抖來。秦王政左右的侍衛一見，吆喝了一聲，說：「使者幹嘛變了臉色？」荊軻回頭一瞧，果然見秦舞陽的臉又青又白，就賠笑對秦王說：「粗野的人，從來沒見過大王的威嚴，免不了有點害怕，請大王原諒。」

秦王政畢竟有點懷疑，對荊軻說：「叫秦舞陽把地圖給你，你一個人上來吧。」荊軻從秦舞陽手裡接過地圖，捧著木匣上去，獻給秦王政。秦王政打開木匣，果然是樊於期的頭顱。秦王政又叫荊軻拿地圖來。荊軻把一卷地圖慢慢打開，到地圖全都打開時，荊軻預先捲在地圖裡的一把匕首就露出來了。秦王政一見，驚得跳了起來。

荊軻連忙抓起匕首，左手拉住秦王政的袖子，右手把匕首向秦王政胸口直扎過去。秦王政使勁地向後一轉身，把那隻袖子掙斷了。他跳過旁邊的屏風，剛要往外跑。荊軻拿著匕首追了上來，秦王政一見跑不了，就繞著朝堂上的大銅柱子跑。荊軻緊緊地逼著。兩個人像走馬燈似的直轉悠。旁邊雖然有許多官員，但是都手無寸鐵；臺階下的武士，按秦國的規矩，沒有秦王命令是不准上殿的，大家都急得六神無主，也沒有人召台下的武士。官員中有個伺候秦王政的醫生，急中生智，拿起手裡的藥袋對準荊軻扔了過去。荊軻用手一揚，那只藥袋就飛到一邊去了。

就在這一眨眼的工夫，秦王政往前一步，拔出寶劍，砍斷了荊軻的左腿。荊軻站立不住，倒在地上。他拿匕首直向秦王政扔過去。秦王政往右邊只一閃，那把匕首就從他耳邊飛過去，打在銅柱子上，「嘣」的一聲，直迸火星兒。秦王政見荊軻手裡沒有武器，又上前向荊軻砍了幾劍。荊軻身上受了八處劍傷，自己知道已經失敗，苦笑著說：「我沒有早下手，本來是想先逼你退還燕國的土地。」這時候，侍從的武士已經一起趕上殿來，結果了荊軻的性命。臺階下的那個秦舞陽，也早就給武士們殺了。

話說到這裡，您就應該知道：皇宮內的所有妃嬪，都是不可以有匕首的。

滴血認親

看過《後宮甄嬛傳》第六十三、六十四兩集的朋友們，一定會注意到下面的情節：為求真相，皇后主張滴血驗親，皇帝執意執行。驗血之時，皇后使計在水中做了手腳，甄嬛差點落入皇后圈套，幸而及時發現。

這裡，就有個問題：滴血認親到底是怎麼回事？

古代「滴血認親」的方法，分為兩種：一種叫滴骨法，另一種叫合血法。

滴骨法：早在三國時期就有實例記載，是指將活人的血滴在死人的骨頭上，觀察是否滲入，如能滲入則表示有父母子女兄弟等血統關係。《洗冤集錄》記載：檢滴骨親法，謂如：某甲是父或母，有骸骨在，某乙來認親生男或女何以驗之？試令某乙就身刺一兩點血，滴骸骨上，是親生，則血沁入骨內，否則不入。俗云「滴骨親」，蓋謂此也。

合血法：大約出現在明代，是指雙方都是活人時，將兩人刺出的血滴在器皿內，看是否凝為一體，如凝為一體就說明存在親子兄弟關係。

滴血認親軼事：《南史》記載著南朝梁武帝蕭衍之子蕭綜滴骨認親的故事。蕭綜的母親吳淑媛原來是齊宮東昏侯的妃子，因其貌美又有才學，被武帝看中，入宮後七月即生下蕭綜，宮中都懷疑非武帝親生，蕭綜長大以後，去盜掘東昏侯的墳墓，刨出屍骨，用自己的血液滴在屍骨上，見其果真能滲入屍骨中，蕭綜半信半疑，後又殺了自己的親生兒子，用自己的血在兒子的屍骨上進行試驗，血液仍能滲入骨中，於是深信不疑。後來蕭綜投奔北魏，改名蕭纘，並表示要為東昏侯服喪三年。蕭綜是否為東昏侯的親生子，不再重要，現更已無法考證。但滴血認親的不科學性，已為人所公認。謝承《會稽先賢傳》中說，陳業的哥哥渡海殞命，同船死了五六十人，屍身消爛不可辨，陳業仰天泣曰「吾聞親者血氣相通」，於是滴骨，血立即沁入。其他家屬也效法，都找到了自以為是的親人，於是廣場之上天啊、地啊、爹啊、媽啊、嫂子啊……人人慟哭，悲聲震天。

滴血認親不科學：事實上，上述兩種「滴血認親」的鑒定方式都沒有科學依據。無論是不是有血緣關係，血液滴在骨骼上都會滲入。古代的滴血認親是傳說。到目前為止，血緣關係的準確認定還只能通過DNA鑒定。「滴血認親」是古代的檢驗方法，但按現代醫學的觀點分析，這種方法缺乏科學性。但由於當時人們認識的局限性和科學手段的缺乏，宋提刑將滴血認親運用到法醫勘驗實踐中已經很了不起，在宋提刑所處的時代仍不失為先進方法。現代的「滴血認親」就要選用DNA親子鑒定了（基因技術）：去氧核糖核酸（DNA），又稱去氧核糖核酸，是染色體的主要化學成分，同時也是組成基因的材料。有時被稱為「遺傳微粒」，因為在繁殖過程中，父代把他們自己DNA的一部分複製傳遞到子代中，從而完成性狀的傳播。

不過，我們查閱相關史料，可以知道，清朝雍正皇帝那會兒，還真的沒有什麼滴血認親的歷史記載。當然，更重要的是，清朝皇帝的妃子，是不可能和太醫私通的——因為平常御醫是沒有機會見到妃嬪的。御醫給妃子看病是需要兩個人同時在場的，而且御醫根本見不到妃子的臉面，因為病床有帷幔遮擋。不僅見不到臉面和身軀，甚至都摸不到手，太醫號脈是通過一根絲繩，間接將脈象傳遞給御醫，不會直接摸妃子的手。當然，我們由此也可以看到，滴血認親這雖然是中國古代隨時有可能發生的一件忽略不計的小事，但不知道為此造成了多少冤假錯案！

太后之死

看過《後宮甄嬛傳》第六十五、六十六兩集的朋友們，一定會注意到下面的情節：太后身體健康每況愈下，為防止突發意外，決定提前留一道遺詔以保皇后后位。

這裡，就有個問題：太后到底是怎麼死的呢？

雍正皇帝的媽媽太后烏雅氏原是隸滿洲鑲藍旗包衣，官書上只提其屬正黃旗，是護軍參領威武之女，卻絕口不提其祖父額參曾任膳房總管，其本是內務府包衣，出身微賤的事實。雍正也一再宣稱烏（吳）雅氏乃「本朝舊族，創世名家」。這樣說，或許是母家地位的卑微，對於雍正而言，是一種隱痛，出於政治宣傳的需要，他必須神話自己的出身，抬高母家的地位；亦或許是他為了緩和母子間緊張的關係，而故意作出的姿

孝聖憲皇后居住過的慈寧宮正殿

態。而這樣一個身分低微的包衣（奴隸）之後，卻能得到康熙如此寵愛，能夠為身為五十五個孩子的父親的康熙大帝，生育三子三女，的確不一般。

德妃從一個身分卑微的、負責端茶送水等細活的「官女子」，一步一步登上永和宮主的位置，這是很不簡單的。康熙二十年（一六八一）冊封的四個妃子，她們的地位或者說是在皇帝和眾宮人心裡的位置，是後來的其他宮妃難以相比的，或者說，後來的宮妃再牛也牛不過這四個人。康熙二十年冊妃位序惠妃、榮妃、宜妃、德妃。可是這四個人中，德妃的出身最低，只有她是包衣之後，不是以秀女而是以更低一級的官女子的身分入宮。

從畫像上來看，德妃的身上隱隱含著一種雍容華貴的大氣。能夠穩居後宮三十三年，她一定是一個聰明女子，當然，沒有家世的她一定要美，這是她被康熙看中的唯一資本。之後在宮中的三十多年，她一定會有心計，幸運的是她並沒有把這當成一種手段，而是利用這

慈寧宮內部陳設

份敏感和睿智暗暗地保護著自己和孩子。淡泊名利的性格或許是皇上欣賞她的原因。也許正是因為她從不張揚的性格，六個孩子，足以說明康熙對她的寵愛。

於是德妃和榮妃並肩成為生育子嗣最多的后妃，她們同樣在十年間生育了六個孩子。但榮妃的輝煌，主要集中在康熙十二年（一六七三）至康熙十六年（一六七七），她一連生了四個孩子，可是六個孩子中只有兩個長大成人。在康熙十六年（一六七七）之後，她就再未生育。可此時的康熙皇帝還很年輕啊！為什麼榮妃卻從此沉寂了呢？難道說僅僅是四個早殤的孩子才讓榮妃再未生育嗎？這一段時間康熙是二十—二十四歲。可以想像那是一段轟轟烈烈的、屬於年輕的康熙皇帝的、充滿活力的愛情。而康熙寵德妃，是在康熙十七年（一六七八）至康熙二十七年（一六八八）間，康熙皇帝是二十五到三十五歲。個人認為，這個年齡段的康熙可以說是「閱人無數」，但德妃仍然盛寵了十年，這說明德妃是很得康熙皇帝的喜愛的。在諸多后妃之中，德妃一定有她的過人之處。

德妃有三個孩子長大成人。比起一連生四個兒子都早殤的榮妃馬佳氏，她是稍幸運的。而胤祚是六歲夭折，皇十二女是十二歲夭折，這兩個孩子都比榮妃夭折的孩子活得長得多，德妃的喪子之痛不如榮妃那樣強烈。德妃生育十二女時已二十七歲，而生育胤禎的時候已是二十九歲「高齡」，這個可以說是破了康熙朝后妃生育年齡的紀錄。因為她們基本過了二十五歲就可以讓位後來人了，而唯有德妃，這樣特殊，在接近她自己的而立之年再次生育，也再一次證明了康熙對德妃的寵愛與其他宮妃不同。

對比一下，榮妃在生育最後一個孩子時能有多大呢？榮妃的生日《清史稿》上沒有記載，只說她「待年宮中」，她是第一個給康熙生孩子的女人，那年康熙十五歲，她也不會大到哪去，就算她十七歲，在康熙十六年的時候也就是二十七歲，還是沒有超過生胤禛時二十九歲的德妃。而且烏雅氏是那種從無奢望的女人，珍惜所得是她的天性，面對年復一年平淡無奇的嬪妃生活，她也能過得有滋有味。

康熙六十一年（一七二二）十一月十三，偶感風寒的康熙在暢春園去世，悲痛萬分的德妃不知道皇帝在生命的最後一刻是否能找到滿意的繼承人，而她的淚水還未乾就被所發生的情況驚得目瞪口呆：步軍統領隆科多「先護送雍親王回朝哭迎，身守闕下，諸王非傳令旨不得見」，十四日公布康熙遺詔，其中有「雍親王皇四子胤禛人品貴重，深肖朕躬，必能克承大統，著繼朕登極，即皇帝位」。

在立儲問題上，德妃始終沒猜透老皇帝的心思，如果老皇帝真的有立胤禛為君的口諭，還用得著負責京師警衛的九門提督隆科多如此忙乎嗎？先帝的遺命誰敢不遵，根本用不著隆科多「護送雍親王回朝哭迎，身守闕下」……在隆科多的武力支持下，胤禛已經捷足先登……烏雅氏「夢中亦未思到」有朝一日會母以子貴、身為太后。

她不僅不願接受群臣的朝賀，還以康熙未曾安葬為由拒絕朝臣給太后上尊號。在宮中的女人只有當上了太后，才算真的熬出了頭，然而對於烏雅氏來說，太后的稱號竟是一種沉重的負擔。太后烏雅氏最怕看到的「煮豆燃豆萁」一幕最終還是出現了：雍正元年（一七二三）四月初三在安葬康熙的靈柩後，雍正把胤禎留在湯山

孝聖憲皇后陵寢泰東陵

軟禁了起來；此後十天雍正下令逮捕胤禎家人雅圖、護衛孫奉、蘇伯、常明等人，雍正曾就胤禎「在軍聞有吃酒行兇之事」審訊彼等，「回奏並無」，以致「上怒」，令將上述人「拿送刑部，永遠枷示」，對十四阿哥已經是「山雨欲來風滿樓」；五月十三，太后千秋誕日，雍正把革貝子胤禎「米祿」作為壽禮獻給母親，據說「上以貝子在軍惟以施威僭分為事以致聲明赫奕，官吏皆畏懼如此，其祿米永行停止」。這究竟是大義滅親，還是公報私仇……在十四阿哥面前還有什麼災難？難道他也到了欲為長安布衣而不可得的地步？

雍正元年（一七二三）五月二十三太后烏雅氏帶著困惑、憂慮離開了人世，既未能和日夜牽掛的十四阿哥訣別，也未能讓當上皇帝的兒子放棄骨肉相殘，令她的確死不瞑目……對於烏雅氏之死，高陽先生在《乾隆韻事》中曾有如下一段虛構：太后先是絕食，宮女們怕受雍正責罰，千方百計勸太后進食，心地善良的太后也不願連累別人，遂開始喝點稀的，逐漸恢復體力，一天雍正去給太后請安，閒談之中太后突然站了起來猛地朝柱子撞去……她死在雍正面前……小說不是歷史，但雍正皇位的繼承是否合法，以及雍正是否犯有「謀父」、「逼母」、「弒兄」、「屠弟」等，就像揮之不去的陰影。

為了駁斥社會上流傳的「謀父」、「逼母」、「弒兄」、「屠弟」之說，雍正把審訊鼓動反清的曾靜及其弟子張熙的口供編輯成《大義覺迷錄》發行，宣傳清朝得天下之正、頌揚雍正「聖德同天之大」。這才是欲蓋彌彰，反而使得太后烏雅氏之死成為一個久久令後人議論的話題。雍正的母親孝恭仁皇后在兒子即位才半年就去世，是不爭的事實；而雍正的兒子乾隆一即位就下令收回《大義覺迷錄》，也是不爭的事實。

鸝妃

看過《後宮甄嬛傳》第六十七、六十八兩集的朋友們，一定會注意到下面的情節：皇后為陵容請封，甄嬛為羞辱陵容，以「鸝妃」為號贈與陵容；同時，更為後宮妃嬪請封，大封六宮，眾人感激甄嬛。

這裡，就有個問題：「鸝妃」這個封號，有那麼難聽嗎？

黃鸝是一些中等體型的鳴禽，是黃鸝科黃鸝屬二十九種鳥類的通稱。中國有六種。為中型雀類。嘴與頭等長，較為粗壯，嘴峰略呈弧形、稍向下曲，嘴緣平滑，上嘴尖端微具缺刻；嘴鬚細短；鼻孔裸出，上蓋以薄膜。翅尖長，具十枚初級飛羽，第一枚長於第二枚之半；尾短圓，

鸝妃安陵容住的延禧宮

尾羽十二枚。跗蹠短而弱，適於樹棲，前緣具盾狀鱗，爪細而鉤曲。雄性成鳥的鳥體、眼先、翼及尾部均有鮮豔分明的亮黃色和黑色分布。雌鳥較暗淡而多綠色。幼鳥偏綠色，下體具細密縱紋。黃鸝也是文學作品中常描寫的對象，其中徐志摩的同名詩非常有意蘊。

黃鸝主要生活在闊葉林中。取食昆蟲，也吃漿果。黃鸝屬鳥類為著名食蟲益鳥，羽色豔麗，鳴聲悅耳動聽。黃鸝膽小，不易見於樹頂，但能聽到其響亮刺耳的鳴聲而判知其所在。主要見於溫暖地區，於林地、花園覓食昆蟲，某些種亦食果實。黃鸝大多數為留鳥，少數種類有遷徙行為，遷徙時不集群。棲息於平原至低山的森林地帶或村落附近的高大喬木上，屬於樹棲性活動，在枝間穿飛覓食昆蟲、漿果等，很少到地面活動。棲樹時體姿水準，羽色豔麗，鳴聲悅耳而多變。飛行姿態呈直線型。雄鳥在繁殖期鳴聲清脆悅耳。在高樹的水平枝杈基部築懸巢，雌雄共同以樹皮、麻類纖維、草莖等在水平枝杈間編成吊籃狀懸巢。多以細長植物纖維和草莖編織而成，結構緊密。每窩產卵四至五枚，粉紅色具玫瑰色疏斑，卵殼有光澤。由雌鳥孵卵，卵的孵化期十三至十五天；育雛由兩性擔任，雛鳥在巢期十四至十五天；雛鳥離巢後尚需雙親照料十五天左右。

下面我們再來看看民國時期的著名詩人徐志摩的現代詩《黃鸝》：

一掠顏色飛上了樹。
「看，一隻黃鸝！」有人說。
翹著尾尖，它不作聲，
豔異照亮了濃密——
像是春光，火焰，像是熱情，
等候它唱，我們靜著望，
怕驚了它。但它一展翅，
衝破濃密，化一朵彩雲；
它飛了，不見了，沒了——
像是春光，火焰，像是熱情。

這首詩首句寫出了黃鸝的色彩，寫出了動感，第三句只寫黃鸝翹著尾尖，以其瞬間之形顯其瞬間之靜，一動一靜，生動地寫出了黃鸝疾飛而來默然立於樹上的神態。四五兩句漸漸由實入虛，傾訴著由眼前黃鸝所激蕩起的歡欣、愉悅和期冀。

第二節前四句寫歡樂隨著黃鸝的飛逝而瞬間逝去的惆悵，由前面的充實感轉為失落感，令人不禁噓歎。因此全詩表現的感情正像詩人在《猛虎集》序中所說：「痛苦與歡樂是渾成的一片。」

這首詩表現了詩人當時那種衝破牢籠、高飛遠走，去度自由輕快生涯的渴求。全詩構思精巧，結構謹嚴，意象奇特，意境優美，讀來給人以美的享受。可又有誰知道詩人心中的滋味呢？「黃鸝」的形象正象徵作者那遠去的「愛、自由、美」的理想；而徐志摩們也只能無奈地觀望，年輕時的熱情被那隻遠去的黃鸝鳥帶得杳無蹤跡了。有人認為「黃鸝」的形象是雪萊的「雲雀」形象的再現。如果此說成立，那麼也是反其意而用之。《雲雀》中那種張揚挺拔的熱情在《黃鸝》中已經欲覓無痕了。

《後宮甄嬛傳》中，甄嬛建議雍正皇帝把一個被毒壞了嗓子的弱女子陵容冊封為「鸝妃」，的確是甄嬛對陵容的莫大羞辱了。

兒子可以愛上父親的妃子嗎

看過《後宮甄嬛傳》第六十九、七十兩集的朋友們，一定會注意到下面的情節：三阿哥弘時與瑛貴人互生愛慕，被敬貴妃等人發現，認為瑛貴人乃皇帝嬪妃，豈能與皇子有私情。這裡，就有個問題：兒子可以愛上父親的妃子麼？

其實，早在前面我們在講述大清王朝的選秀女時，就已經給朋友們介紹了相關內容，通過那些介紹，我們可以知道，兒子是不可以愛上父親的妃子的，除了皇帝自己主動地將選好的秀女送給自己的兒子例外。

但在歷史上，類似於兒子愛上父親的妃子這樣的事情，那還是比比皆是的。

我們不妨看看李唐王朝幾位皇帝的故事：

一曰霸弟之媳。唐太宗李世民在大唐武德九年（六二六）的「玄武門之變」中，誅殺太子李建成、齊王李元吉，迫父退位，登上大唐帝國皇帝寶座後，便將李元吉之妻霸為己有。

這位弟媳婦即隋煬帝之女楊妃，楊妃所生之子吳王李恪後因謀反罪被唐高宗賜死。之後，李淵從父兄子、盧江王李瑗謀反，李世民將其誅殺後，又將其妻納入後宮陪侍左右，全然不覺有什麼羞恥之感，什麼禮法道德皆拋至腦後。

二曰淫其庶母。唐高中李治在當太子時便與李世民的才人「武媚」（即武則天）暗中勾搭，關係曖昧。李世民去世後，未生育的嬪妃不得寡居宮中，武則天被打入感業寺削髮為尼。李治繼位，仍不忘與武則天之舊情，設法讓其還俗並納為「昭儀」，最終還讓她當上了皇后。武則天的身分應該是李治的庶母，子淫庶母，而且還讓其任「第一夫人」，還有何綱常禮法、人倫道德可言？

三曰公媳「扒灰」。唐玄宗李隆基見其第十八子壽王李瑁的妃子楊玉環美貌絕倫、豔麗無雙，便顧不得公媳之間的禮數，於開元八年（七二〇）讓楊玉環改俗入觀，號曰太真，巧妙地納入宮中行公媳「扒灰」之實，並從此把兒媳霸為己有。此時楊玉環剛滿二十二歲，唐玄宗已經五十六歲。唐玄宗在宮中呼兒媳為「娘子」，禮數實同皇后。《長恨歌》云：「天生麗質難自棄，一朝選在君王側。回頭一笑百媚生，六宮粉黛無顏色。」「春宵苦短日高起，從此君王不早朝。」

當皇帝的如此醜態百出——奪弟媳、淫庶母、霸兒媳……就難免上行下效，致使唐代的禮教束縛鬆弛，帶來中國歷史少見的不拘禮法、不重貞潔的性開放或曰性自由。

不過，還是前面說的那句話：在大清王朝，類似於兒子愛上父親的妃子這種事情，還是很難出現的。

智力玩具九連環

看過《後宮甄嬛傳》第七十一、七十二兩集的朋友們，一定會注意到下面的情節：摩格奉上一串九連玉環欲為難大清皇帝及眾臣，卻被甄嬛巧施一計，教導女兒朧月以孩童無知為由，破玉解密，摩格大掃顏面。

這裡，就有個問題：中國古代到底有哪些智力玩具呢？

七巧板、華容道、魯班鎖、九連環這四種玩具甚至被人譽為智力玩具中的「四大金剛」。這些體現中國古老文化和智慧之光的玩具已成了世界智力遊戲界的「寵兒」，在世界益智玩具中具有崇高的地位。其原因不僅在於它們的歷史悠久，同時在於其豐富的智力內涵，而且大多數在很早就傳到國外，成為

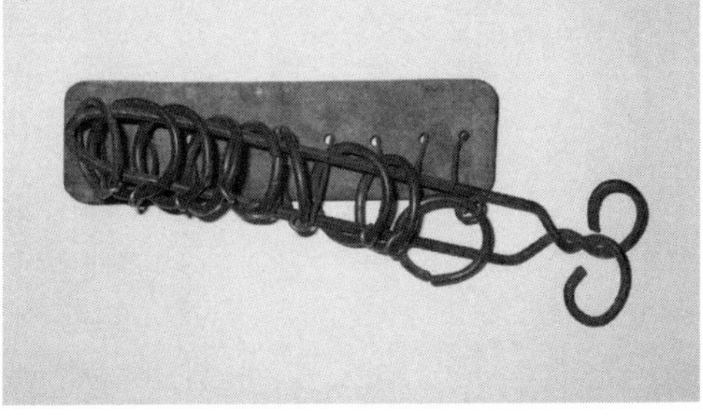

清代白銅製九連環

西方人津津樂道和迷戀的玩物，有的甚至導致了許多西方新的智力玩具的衍生和發明。

七巧板可以說是中國益智玩具之祖。它是一種拼板玩具。它的發明可以追溯到四千多年前的「規」和「矩」。成書於清朝嘉慶年間（一八一三）的《七巧圖合璧》是至今發現的有關七巧板的最早著作。中國另一種更簡單的古老四巧拼板「調合板」傳到日本後，改稱為「博士板」，聲稱能拼出一種最複雜的圖形，其智商可達博士水準，於是這種玩具竟成為日本學校必備的考驗學生智商水準的教具。在清朝，學者童葉庚將七巧板擴展為十五巧板，乾脆命名為「益智圖」，意即此圖有益於提高智力。

華容道是一種移圖玩具，一般人總是認為既然此玩具用《三國演義》中的故事命名，那它一定是三國時代發明的。其實，這類玩具的發明遠比三國時代古老，它的發明要追溯到遠古時代的洛書（即幻方），後來傳入宮廷，演變成了「重排九宮」遊戲。這就是「華容道」的雛形。此遊戲在元朝時傳到西方，西方人在此基礎上加以改造，變成了在西方轟動一時的智力玩具「移動十五」。與此同時，在中國也將其加以改造，變成了更有趣的「移動十塊」玩具。由於這種玩具玩的過程和三國故事中「曹操敗走華容道」相合，所以就有了這個十分貼切的名稱「華容道」。「華容道」玩具由於布局繁多，走法曲折，被日本《數理科學》雜誌譽為「智力遊戲界三大不可思議之一」（其他兩項分別為法國人發明的「孔明棋」和匈牙利人發明的「魔術方塊」）。它的玩法涉及數學裡的圖論和運籌學等多門學科。現在，它又與電腦掛上了鉤，成為電腦的研究對象，其中「橫刀立馬」布局的八十一步最優解法就是由電腦驗證的。

「魯班鎖」是一種立體插接玩具，是由中國古代房屋的榫卯結構轉化而來的。因為魯班是中國木工的始祖，所以得名「魯班鎖」。由於解開此種插接鎖要有聰明的頭腦，所以又有人稱它為「孔明鎖」，將它和古代足智多謀的軍師孔明聯繫起來。這種玩具最早見於文字是清代一本魔術書《鵝幻彙編》，當時叫「六子連芳」。美國一八五七年出版的《魔術師手冊》中，就引進了中國的「六子連芳」，可見這種玩具傳到國外最少也有近一百五十年的歷史。魯班鎖實際是一種涉及立體幾何知識的玩具。通過幾何分割，可以組成多種鎖定方式。近來，美、英等多國數學家採用電腦發現，六根木條組成的樣式多達十一萬九千九百六十三種。可見其奧妙無窮。

九連環是一種解環玩具。這類玩具在中國至少有兩千多年的歷史。早在戰國時代的《戰國策》中就有記述。在這本記述當時遊說之士的策謀集中，講到秦王嬴政曾遣使入齊，使臣就帶了一種玉連環。他拿出來對齊君王後說：「齊多知，而解此環否？」意思是說，齊人知多識廣，能不能把其中的環解出來？看來，當時就用這種玩具來作為衡量知識和智慧的工具。中國將解環玩具稱作「巧環」，環數從一個到幾十個，越來越複雜，其中九連環最為知名。這是因為中國古代認為九是陽數之極，所以一般都用「九」來言多。即然九已到了極點，那就十分難了。故用九連環來代表解環之難。今天，解九連環的世界紀錄是二百三十七秒，由甘肅省嘉峪關市王仲斌創造。

九連環流行極廣，形式多樣，規格不一。其製作，用金屬絲製成圓形小環九枚，九環相連，套在條形橫板或各式框架上，其框柄有劍形、如意形、蝴蝶形、梅花形等，各環均以銅桿與之相接。玩時，依法使九環全部聯貫於銅圈上，或經過穿套全部解下。其解法多樣，可分可合，變化多端。得法者需經過八十一次上下才能將相連的九個環套入一柱，再用二百五十六次才能將九個環全部解下。此外也可套成花籃、繡球、宮燈等狀。同時，九連環也是按照一種順序來解的。解九連環需要相當一段時間，這也可以訓練人的耐心。當然，九連環還可以根據需要自行增加環數提高難度，但環數增加將使解開步驟呈幾何級數遞增，且本質上並沒有改變解環方法，因此通常所見仍是九環為主。

允禮之死

看過《後宮甄嬛傳》第七十三、七十四兩集的朋友們，一定會注意到下面的情節：皇帝讓甄嬛以毒酒親手殺死果郡王。甄嬛不忍愛人死去，欲喝下毒酒，卻不想果郡王將毒酒調換，口吐鮮血告訴甄嬛，她才是自己一生中唯一的妻子。甄嬛悲痛萬分，來不及等到允禮嚥氣前告訴他，自己的一對雙胞胎乃是他的骨肉。允禮慘死於甄嬛懷抱中。這裡，就有個問題：果郡王（實際上應該是果親王）允禮到底是怎麼死的呢？

我們首先應該清楚的是：雍正皇帝死於一七三五年，而果親王允禮死於這之後的一七三八年——也就是說，電視劇中的「皇帝讓甄嬛以毒酒親手殺死果郡王」，而後「允禮慘死於甄嬛懷抱中」這段故事純屬虛構。然後我們還應該知道的是：隨後即位的乾隆皇帝，也就是果親王允禮的侄子，對果親王允禮，一直繼續委以重任：乾隆元年（一七三六）九月十二日，果親王允禮生母加徽號；九月十三日，「永賜與親王雙俸……」九月二十日，因

「莊親王、果親王便殿賜坐時俱行拜禮，朕心深為不安……皆聖祖仁皇帝之子，大行皇帝之弟，於朕為叔。行輩甚尊，豈可常行拜禮於朕前乎……」命允祿、允禮在便殿召見免除叩拜之禮。九月二十一日，果親王允禮上書建議制定《侵盜錢糧罪例》。十月初四日，命果親王允禮總理宗人府事務。十月十八日，命果親王允禮打理刑部。此間，約在乾隆元年十一月，果親王允禮患腳疾。乾隆二年（一七三七），果親王允禮書成《世宗憲皇帝上諭》有功。乾隆三年（一七三八），果親王允禮去世。年四十二歲。現在的問題在於：果親王允禮為什麼能夠做到一生歷經康、雍、乾三朝，一直位高權重呢？

果親王允禮（一六九七－一七三八），原名胤禮，係康熙皇帝第十七子。雍正皇帝登基後，避諱，改名為允禮。因允禮一開始就支持四皇子（即之後的雍正皇帝），所以，深得雍正皇帝信任，從郡王一直加封到親王。乾隆皇帝即位後，繼續委果親王允禮以重任，命其總理事務，管刑部。允禮歷康、雍、乾三朝，一生位高權重。

果親王允禮篤信藏傳佛教，經常在自己的王府裡召集高僧辯經說法。允禮從早年起就沉浸於藏傳佛教經典的學習和修行中，並與當時藏傳佛教在北京的代表人物來往密切。雖然政治上碌碌無為，但允禮在其短暫的一生中官運亨通一帆風順，也許正是對藏傳佛教的篤信，才是他避免殺身之禍、終老天年的重要原因。

清朝的統治者們在維護、鞏固封建統治方面，深知精神統治的重要性，利用宗教是其一種有效的統治方法。清政府尤其擅長利用藏傳佛教，認為優禮藏傳佛教的上層人物是統治蒙藏地區的有效途徑，所以對藏傳佛教的保護扶植相當積極。清初的幾位皇帝對藏傳佛教也都頗感興趣，在清宮廷中，學習佛典成了當時的一種風尚。作為皇子，允禮肯定受到了薰陶，他曾拜康熙年間的著名僧人、親自主持完成《甘珠爾》編譯及刊刻工作的甘珠巴為師，後又師從京城八大呼圖克圖（蒙古語，是清政府授予蒙、藏地區藏傳佛教上層大活佛的稱號）中的兩位大師，專門系統地學習佛典。

果親王允禮號自得居士，非常熱衷於對藏傳佛教寧瑪派經典的研修，特別是有系統地將「伏藏經」整理並翻譯為蒙古文和滿文。

寧瑪派是藏傳佛教流派之一，由於該派的僧人都戴紅色僧帽，所以也被稱為紅教。在各派中歷史最久，形成於西元十一世紀。「寧瑪」在藏語中的意思是「古」和「舊」，所謂古，是說它的教理是從西元八世紀時傳下來的，歷史悠久；所謂舊，是說它的一些教義教規是以古時候吐蕃的舊密咒為主。寧瑪派與西藏本土所固有的宗教——苯教有著密切的關係。

西元八到九世紀，佛教中的密宗從印度傳入西藏，並保持父子相傳的形式。而苯教在西藏民間的影響很大，恰好密宗的神秘性與它非常相似，結果二者逐漸結合起來。這一派別沒有寺院，組織渙散，也沒有系統的教義，更沒有完整的僧伽制度。他們以印派佛教為師，運用該派的經典，建立寺院，開展一些集體活動，最終形成一個教派。這一教派開始時是沒有名字的，直到後來其他一些教派產生，才由於它的特徵而被稱為寧瑪派。所謂「伏藏經」，就是指西元八世紀時，印度僧人蓮花生等來到吐蕃傳播佛教密宗經典，但因當種種原因，如政治方面的、密宗同藏族傳統原始宗教苯教的衝突或互相排斥等原因，蓮花生等人認為當時在吐蕃傳播密宗時機尚未成熟，就把這些經典埋藏在山洞或地下，若當「時節因緣會遇，就取出來弘揚」，這種經書叫「伏藏經」。允禮將藏傳佛教寧瑪派「伏藏經」翻譯成蒙古文，豐富了蒙古文佛教文獻，從客觀上講，對蒙古族的佛教文化做出了重要的貢獻。

雍正之死

看過《後宮甄嬛傳》第七十五、七十六兩集的朋友們，一定會注意到下面的情節：葉瀾依最後給皇帝服用了所謂長生不老的金丹。皇帝彌留之際，甄嬛獨自陪伴其身邊，將所有真相講給皇帝聽，皇帝急火攻心之下駕崩。

這裡，就有個問題：雍正皇帝到底是怎麼死的呢？

關於雍正皇帝的死，我們查看到的清宮檔案《雍正朝起居注冊》，說是在一七三五年十月三日（舊曆八月十八日），時年五十八歲的雍正皇帝住在圓明園辦理少數民族事務的大臣議事；十月五日（舊曆八月二十日）召見寧古塔的幾位地方官員；又過了一天仍照常辦公；十月七日（舊曆八月二十二日），雍正皇帝突然得病，當天晚上朝中重臣被匆忙召入寢宮，已是奄奄一息的雍正皇帝宣布傳位給乾隆；十月八日（舊曆八月二十三日），雍正皇帝便在圓明園嚥下了最後一口氣。

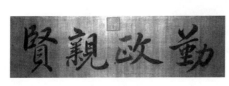

雍正御筆橫幅

皇宮檔案只是如此簡要地記下了雍正皇帝的突然死亡，而沒有說明任何原因。這就很容易引起人們的猜測，於是雍正皇帝不得好死的種種說法便產生了。

關於雍正皇帝的死，史學界主要有以下五種說法：

第一種：雍正皇帝是被呂四娘謀刺死的。

雍正皇帝是被呂四娘謀刺死的，這種觀點是民間最為流行的觀點。它實際上是出自稗官野史如《清宮十三朝》、《清宮遺聞》等書。在這些著作中，都說到了雍正皇帝遇刺身亡的內容。

傳說呂四娘是呂留良的女兒，也有說是呂留良的孫女。

當年，呂留良因文字獄被死後戮屍，呂氏一門，或被處死，或被遣戍。但呂四娘攜母及一僕逃出，隱姓埋名，潛藏民間。

後來，呂四娘拜師習武，勤學

胤禛朗吟閣讀書像

苦練，尤長劍術，技藝高超。而呂四娘的師傅，據說原是雍正皇帝手下的劍客大俠甘鳳池，後來大俠甘鳳池因為不滿意雍正皇帝的作為而離開了雍正皇帝，又收養了呂四娘為徒。再後來，呂四娘喬裝改扮，混入深宮，一日，乘機砍掉雍正皇帝的腦袋。

這個民間傳說，從它誕生之日到今天，已經流傳了二百多年了。到一九八一年，文物考古部門曾經想通過發掘雍正皇帝的泰陵地宮來確認這種傳說的真偽，結果還沒有打開的時候就接到了上級的通知，停止了發掘雍正皇帝的泰陵地宮的工作。

但民間則仍然傳言雍正皇帝的棺材早已被打開，雍正的遺體有屍身而無屍首，想以此證明胤禛之頭是被呂四娘砍掉的。

問題在於，這種說法有可信度嗎？

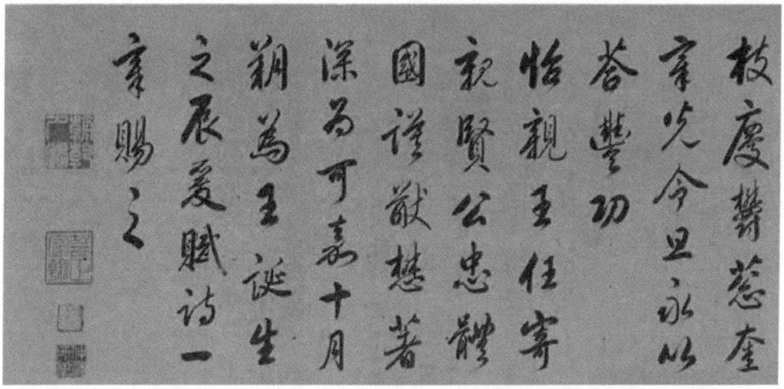

雍正為怡親王允祥生日所作詩作之手卷（局部）

完全沒有！為什麼呢？主要原因有以下幾個方面：

第一，前面我們曾經說到，所謂的「大俠」甘鳳池早在一七二九年就被李衛活捉，更為重要的是，這位「大俠」並未表現出什麼英雄氣概，而是在李衛的誘逼之下，叩頭乞求寬恕，並出賣了同志。被他出賣的這些人也因此而先後被清朝政府逮捕。後來甘鳳池等人被判處死刑。

如果這個呂四娘果真是「大俠」甘鳳池的徒弟的話，那，她一定會被甘鳳池出賣、她一定會被清朝政府逮捕的。

第二，實際上，正史中也沒有記載有呂四娘這麼一個人；即使的確有呂四娘這麼一個人，她也不可能帶著短兵器靠近雍正皇帝。

說呂四娘喬裝改扮、混入深宮、乘機砍掉雍正皇帝的腦袋，這完全是不了解宮廷中宮女的生活所致。稍微

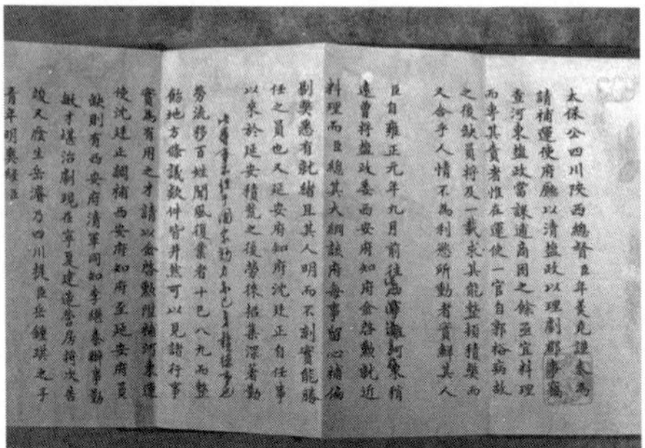

雍正朱批江南提督總兵高其位奏摺

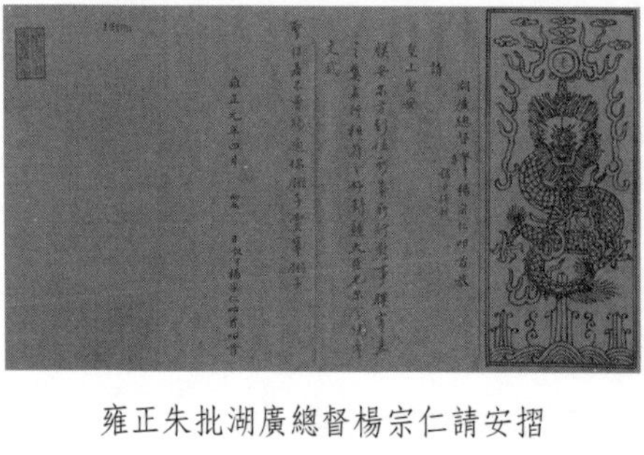

雍正朱批湖廣總督楊宗仁請安摺

了解一下宮廷中宮女的生活情況，就不會輕易相信這樣一種假設的。

那這第二種說法又是什麼呢？

這第二種說法是說雍正皇帝是被宮女縊死的。

這種說法，最早出現於清末民初的稗官野史《梵天廬叢錄》一書，這本出版於一九二五年的《梵天廬叢錄》的作者是柴萼。

書中記載：傳說雍正九年（一七三一），宮女夥同太監吳首義、霍成，伺雍正皇帝睡熟，用繩縊殺。

與這個故事類似的是一個發生在明朝明世宗嘉靖皇帝的真實故事：故事說的是一五四二年，宮女楊金英等「伺帝熟睡，以組縊帝項，誤為死結，得不絕」。同夥張宮女害怕，跑去報告方皇后。皇后趕到，解帛組，帝氣絕，命召太醫許紳急救。《明史·許紳傳》記載：「紳急調峻藥下之，辰時下藥，未時忽作聲，去紫血數升，遂能言，又數劑而癒。」事後將楊金英等磔死。

因為清朝的雍正皇帝與明朝的嘉靖皇帝的廟號都是「世宗」，這個清世宗雍正皇帝被宮女縊殺的故事，完全是明世宗嘉靖皇帝被宮女勒縊故事的翻版。所以，宮女縊勒雍正說，實屬移花接木，張冠李戴。

另外，我們知道，雍正是在當了十三年皇帝之後於一七三五年去世的，不是死於他才當皇帝九年之後的一七三一年。所以，我們可以看出，這個故事，實在是漏洞太多了。

看來，這第二種說法完全沒有可信價值啊。還是算了吧。我們還是來說這第三種說法吧！

這第三種說法來自霍國玲、霍紀平姐弟二人在一九八九年出版的《紅樓解夢》一書。在本書中，霍國玲、霍紀平姐弟二人認為，雍正皇帝是被曹雪芹和竺香玉合謀毒死的。

這太稀奇了。曹雪芹我們大家都知道，他是《紅樓夢》的作者。可是這竺香玉是誰呀？他們兩個人為什麼會合謀毒死雍正皇帝呢？

霍國玲、霍紀平姐弟二人都不是搞文史研究的。他們是從喜歡讀《紅樓夢》、抄錄俞平伯輯的《脂硯齋紅樓夢輯評》開始的。當她把《紅樓夢》中的所有詩詞歌賦全部背誦出來，當她把一部五百多頁的「脂批」，全部抄錄到《紅樓夢》書的相應位置上的時候，他們豁然開朗了。從「脂批」的暗示中，他們讀出了小說背後隱藏著的歷史，確切的說，是清宮祕史！

他們從書中解析出：林黛玉的真名叫竺香玉，而金陵十二釵其實全部是竺香玉的分身，換言之，竺香玉一人就是全部的十二釵；竺香玉本來是曹雪芹的戀人，後來進入宮中成了雍正皇帝的后妃。

再後來，曹雪芹想念戀人，就找了一個差事混入宮中，與竺香玉合謀，用丹藥將雍正皇帝毒死。

問題在於，霍國玲、霍紀平姐弟二人的觀點是否可信呢？

完全不可信！

我們在前面跟朋友們講過，在雍正皇帝生前，他的皇后只有一位：孝敬憲皇后。這個孝敬憲皇后姓烏喇納喇氏，是內大臣費揚古的女兒，早在雍正皇帝為皇子的時候，康熙皇帝冊封她為嫡福晉。雍正元年，冊為皇后。在一七三一年——也就是雍正九年的時候，她就病死了。而且歷史記載，雍正皇帝與他的這個皇后的關係很好！

在孝敬憲皇后病死的時候，雍正皇帝也剛剛大病初癒，他要親自參加孝敬憲皇后的葬禮，結果被諸位大臣諫止。

此外，乾隆皇帝的生母鈕祜祿氏是四品典儀凌柱的女兒，她的身分是熹貴妃，後來乾隆當了皇帝，她被尊為皇太后，號孝聖憲皇后。

此外，雍正皇帝還有一位號稱敦肅皇貴妃的，姓年，是年羹堯的妹妹，死於雍正三年；雍正皇帝還有一位活了九十五歲的妃子姓耿，齊妃姓李，謙妃姓劉，懋嬪姓宋。沒有一個姓竺的。

雖然，霍國玲、霍紀平姐弟二人的觀點並不可信，但是我還是很讚賞姐弟二人的考證功夫。

比如，他們認為，曹雪芹在書中的許多地方，無情地揭露和批判了雍正皇帝。比如薛蟠的野蠻粗鄙、賈雨村的虛偽狡詐、賈敬的迷信，都說的是雍正皇帝。作者這樣說薛蟠：「雖是皇商，一應經濟世事，全然不知。」皇商，不就是「皇上」的諧音嗎！他還是「紫微舍人之後」，皇帝不是「紫微星」嗎？再看賈雨村，他與甄士隱飲酒時吟的詩「天上一輪才捧出，人間萬姓仰頭看」，分明是皇帝的口吻！再看賈敬的敬字，正是雍正皇帝謚號的第一個字；他整日與道士胡羼，燒丹煉汞，最後死於丹砂中毒。

這第四種說法是什麼呢？

雍正皇帝是患病而死的。

關於雍正皇帝的死因，這第四種說法似乎是最為合理的——患病而死！

問題在於，雍正皇帝是患什麼病死的呢？

有以下兩種說法：

第一種說法：最早是鄭天挺先生提出的。鄭天挺先生在他的著作《清史簡述》中，曾提到雍正皇帝是患中風而死的，但是鄭天挺先生並沒有詳述他得出如此結論的依據。因此，這個重要的論斷，還需要用史料進一步證明。

第二種說法：最早是我們前面所說的金恒源先生提出的，說雍正皇帝的生活作風有問題。有很多研究者發現，雍正皇帝長期積累下慢性病，比如說中風。當時朝鮮有一本書，叫《承政院日記》。這裡面就記載雍正皇帝的生活作風極為糜爛，沉淫女色，病入膏肓，自腰以下，不能運動者久矣。這句話解釋一下，「自腰以下，不能運動者久矣」，它代表雍正皇帝不能運動已經很長時間了。也該死了。

問題在於，雍正皇帝到底是怎麼死的呢？

我們還要從他不想死說起。

雍正七年，也就是咱們現在說一七二九年這一年。雍正皇帝剛當了七年皇上。結果這一年他得了一場大病。那一場大病，一下病了半年。人差點死過去。當時雍正想：我這才當了七年皇上我就要死了，這可不行。馬上命令屬下，每個人都給我查天下有沒有什麼名醫？有沒有什麼道士？有沒有什麼仙人？馬上給我叫過來！所以各地都在尋訪。

也有那馬屁精。比如說四川的巡撫憲德，就寫了一個摺子，說我們那兒有一個老頭，姓龔。我們都不知道他叫什麼，都管他叫龔仙人，八十六歲了，還生一個兒子。然後雍正皇帝說，趕緊請。請他到北京來，我們見見。結果那位四川巡撫趕緊找去，找完了以後，人家告訴說，死了。怎麼會有這麼巧的事？怎麼一去找，就死了，這肯定有其他問題。人家是蒙他的，蒙皇上的。你說找，我們這兒就告訴你有這個人。誰想你真讓他去。說到中國歷代帝王，都有這個心態，都想尋求長生不老之道。我們平常人尚且想多活幾年，更甭提皇上了。那世界全是我的，我難道就找不著一個長生不老的方法嗎？

要說到君王追求長生不老，那我們大家可是非常熟悉的。

當年，秦始皇派徐福帶著有說五百童男童女的，也有說三千童男童女的就出海了。他們向東進發，尋找仙藥。據說徐福他們就漂到了日本。結果就在那兒定居下來了。還有人說現在的日本人那就是徐福的後代。

除了秦始皇，漢武帝也是命令煉丹家煉那種益壽不死的黃金器具。漢武帝他煉一個黃金器具，說把東西擱這裡頭再吃，就可以長生不老了。

關於「丹」，我們知道，煉丹是道教企求不死成仙的一種修煉方術。嚴格講來，丹有內外之分。外丹，是指用天然礦物石藥為原料，用爐鼎燒煉，以製出一種所謂的服後不死的丹藥。歷史上的煉丹道士，有主張煉製和服食黃金、丹砂的金砂派；有提倡以鉛料、水銀為至寶大藥的鉛汞派；還有極言用硫磺、水銀合煉以求神丹的硫汞派。內丹，是指通過內煉使精、氣、神在體內聚凝不散而成丹，達到養生延年的目的。

自古以來，凡是幻想長生不老的帝王，大都迷戀神丹大藥。從漢武帝命煉丹家煉化「益壽」「不死」的黃金器具，到東漢末年的曹操遍招天下方士習煉「養性

養心殿。雍正經常在此與軍機大臣議定機要大事。

法」；再從隋文帝指派人「合煉金丹」，到唐太宗李世民服食古印度方士的長生藥「暴疾不救」，再到明憲宗以丹縱欲「氣傷龍脈」而暴亡……一朝又一代的封建帝王對道家的丹術走火入魔，嬉笑怒罵盡在其中。

當然，煉丹也有好處。隋文帝的時候，提倡合煉金丹。合煉金丹？您知道怎麼回事嗎？合煉金丹就是把一硫、二硝、三木炭往裡一擱，然後一煉，最後煉出來金丹。你知道這是什麼？不就是火藥嘛。

所以中國四大發明，都以為中國人聰明，那是因為老想長生不老，煉出一個仙丹來，結果煉出火藥來了。這個是煉丹的副產品。

清朝的雍正皇帝，可算是中國古代史上最後一位寵信道士迷戀丹藥的皇帝了。

雍正皇帝，是靈丹妙藥的專業發燒友。

泰陵方位圖

問題在於，雍正皇帝最早是從什麼時候開始愛好上這個的呢？

雍正皇帝早在當皇子時期，就對煉丹產生了濃厚的興趣。

雍正皇帝為什麼要對煉丹產生濃厚的興趣呢？

原因有以下兩個方面：

第一，也確實是追求長生不老。第二，也是說我天天煉丹，我不對皇位追求，我一心搞科研。也是做給他爸爸看的。

因此，早在雍正皇帝做皇子的時候，他就對丹藥產生了興趣，那時他曾寫過一首題目就叫《燒丹》的詩：

鉛砂和藥物，松柏繞雲壇。爐運陰陽火，功兼內外丹。

「鉛砂和藥物」，這是一種動作。鉛砂、藥物和在一塊；「松柏繞雲壇」是說柴火在底下燒，這個柴火可不是隨便的柴火，得燒松樹、柏樹——松柏是延年益壽的，都是好木材；「爐運陰陽火，功兼內外丹」，這是產品配方和操作辦法。

而且雍正後來當了皇帝以後，他對煉丹一發而不可收拾。因為真當皇上了，他真想再活幾百年。他最開始服用的是一種叫既濟丹的這麼一種丹藥。是人家給他送的。

這個丹藥吃了以後有什麼效果，他感覺到吃完了以後也舒服了。其實為什麼舒服了呢？這個丹藥除了咱們講的火藥，各種各樣的配方，它還加了春藥。這是煉丹的人故意加的。你吃了我這個長生不老的藥，不光有延年益壽，還有提高精氣神的意思。所以雍正覺得不賴，吃著挺好。於是乎就把那些和他特好的，他所謂的三大寵臣——田文鏡、鄂爾泰、李衛，一人發一點兒。

說到送田文鏡丹藥，您說雍正竟然將一份丹藥，在田文鏡七十大壽的時候，當壽禮就送過去了。而且

泰陵文官武將石像

還說：「田老愛卿，雖然你年近七十了，朕還是希望你能夠老年得子。丹藥這個東西特別好。我皇上都吃過了你怕什麼。」

他經常給人家寫信，給李衛寫信。你踏實地吃，這就叫現身說法。就在這個時候，雍正皇帝想到了，人家煉丹家告訴我了是「攻兼內外丹」。《燒丹》那首詩裡面也這樣提到，外丹是我們通常所說的吃的那種長生不老的藥；內丹是什麼呢？是一種強身健體的方法。

雍正皇帝一想：我應該兩條腿走路。一方面要煉外丹，另一方面還要煉內丹。所以他就下命令，全天下的巡撫、督撫們，你們給我找兩種人。一種人會內丹的，會內家功夫的，會給我推拿的；另外一方面給我找會煉外丹的。給我叫到北京來。於是，這個網就撒開了。就在這個時候，江蘇巡撫李衛就給雍正推薦了一個人。這個人便是河南道士賈士芳。賈士芳他這個人，原來是北京白雲觀的一個道士。後來，人家一看這人不守規矩，整天在那兒神裡神乎的，就把他開除了。所以他在北京的白雲觀住不下去，然後就流落到了河

用滿、漢、蒙三種文字鐫刻的「世宗憲皇帝之陵」廟號碑

南，就變成了河南道士。這個人是被李衛發現的。皇上對李衛非常相信了，趕緊召見。

河南道士賈士芳也就這樣進宮了。進宮之後幹得非常漂亮，不超過一個月的工夫皇上就感覺到舒服、滿意，效果特別好。他還給人家寫信說：賈士芳這個人特別棒，能讓我每天都精神愉快。過了一個月他就死了。這又是為了什麼呢？

在清宮檔案中，有一件經雍正皇帝親筆修改過的上諭。在這道諭旨中，雍正很直白地說：賈士芳的「按摩之術」、「密咒之法」，起初確實是「見效奏功」。可是，「一月以來，朕躬雖已大癒，然起居寢食之間，伊（指賈士芳）欲令安則安，伊欲令不安則果覺不適」。「其調治朕躬也，安與不安，伊竟欲手操其柄，若不能出其範圍者」。

讀了這段諭旨，我們自然了解到賈士芳獲罪的真相，原來這個道士利用「按摩」「密咒」等方術，逐漸控制了雍正皇帝的健康，讓他舒適便舒適，讓他難受便果然難受。貴為天子，怎能受他人擺布？雍正皇帝一旦察覺到自己的安康被賈道士操縱，頓感問題嚴重，遂刻不容緩地處理此事，立即下令將賈道士處斬，罪名是：賈士芳在朕的面前使用妖術。

賈士芳的案子發生後，雍正皇帝曾極力為李衛開脫，說李衛當初推薦時已經聲明不知道賈某的底細，只是將所見所聞奏報上來，盡無隱之忠誠，因此只可嘉獎而無過錯。這就給那些已經和將要推薦道士的大臣們吃了定心丸。

雍正皇帝會不會因為賈士芳的案子而有所醒悟呢？

怎麼可能呢！雍正皇帝雖然砍了賈士芳的頭，但雍正並沒有因此失去對道士的信任。據清宮檔案記載，從一七三〇年鬧病到五年之後死去，雍正皇帝參與道教活動一直十分頻繁。在皇宮，除了專門進行道教活動的欽安殿外，雍正還請道士們在太和殿、乾清宮等主要宮殿安放道神符板，在他的寢宮養心殿安設斗壇，以求道神的保護。雍正為做法事，還在蘇州訂做道士們穿的絲緞法衣，一次就是六十件。今天的北京故宮博物院，仍保存著雍正皇帝當年身穿道教服裝的畫像。

雍正皇帝甚至在御花園建了幾間房子專門給道士婁近垣等人住，以便隨時請這些道士祈禱修煉。以往，在皇宮內雖設有多處供奉佛道的處所，但這類地方除以太監身分充當的僧人、道士外，未經淨身的山野僧道是從來不准在大內居住的。現在，雍正諭令在御花園玉翠亭的東側添建幾間房「給法官住」，也實在是破天荒的舉動了。

雍正陵寢泰陵

與雍正皇帝打得火熱的道士們中間，後來者居上的便是張太虛、王定乾。那麼，直接導致雍正皇帝死亡的兇手是不是就是張太虛、王定乾呢？

這還得從皇家園林圓明園開始升火煉丹談起。

皇帝煉丹，這當然是絕密事件，在官書正史上不可能有記載。可是，在清宮祕檔中仍透露出一些蛛絲馬跡。記載皇宮日用物品的內務府帳本《活計檔》，就披露了雍正皇帝煉丹的一些情況。最早出現的有關記載，是在一七三〇年冬天的《活計檔》四則。這四則檔案向人們透露，一七三〇年末，在圓明園東南角的秀清村，在內務府總管海望和太醫院院使劉勝芳的主持操辦下，先後運入四千餘斤木柴煤炭，利用礦銀等物開始為雍正皇帝煉丹。

雍正皇帝丹爐一開，燒煉之火便沒有再滅。在（一七三一—一七三五）的內務府《活計檔》中，有關雍正煉丹的記載越來越多地出現了。

根據清宮內務府造辦處這些檔案記載，自一七三〇年冬至一七三五年秋，在這五年間，雍正下旨向圓明園運送煉丹所需物品一百五十七次，平均每個月有兩三次。累計算來，共有黑煤一百九十二噸，木炭四十二噸，此外還有大量的鐵、銅、鉛製器皿，以及礦銀、紅銅、黑鉛、硫磺等礦產品，並有大量的杉木架黃紙牌位、糊黃絹木盤、黃布（絹）桌圍、黃布

（絹）空單等物件。所有這些物品，都是煉丹活動所必不可少的。

可以想見，在雍正皇帝的旨意下，成百噸的煤炭被運進皇家宮苑，在長達幾年的時間裡，爐火不滅，煉丹不止，把個山清水秀的圓明園搞得何等地烏煙瘴氣！一爐又一爐的金丹大藥煉成了。

那麼，我們是否可以這樣認為，直接導致雍正皇帝死亡的兇手就是主持煉丹的張太虛、王定乾等人？

完全可以這樣認為！

我們從雍正皇帝召請道士煉丹，向內外大臣賞丹以及他自己說吃丹等情況看，雍正皇帝服丹致死的可能性的確是很大的。他常年服食丹藥，有毒成份在體內長期積累，最終發作導致暴亡，這是極有可能的。

值得注意的是，據《活計檔》記載，就在雍正死前的十二天，有二百斤黑鉛運入圓明園。黑鉛是煉丹常用原料，更是一種有毒金屬，過量服食可使人致死。研究這個問題的史學專家認

泰陵啞巴院。朱紅照壁就是地宮入口處。

雍正行樂圖

為，這不是偶然的巧合，而是有著因果關係的丹藥中毒事件。

此外，我們從事後乾隆皇帝對煉丹道士的處理也可以看到很多破綻：

疑點之一：就在雍正皇帝死後的第二天，剛剛即位的乾隆皇帝便下令驅逐煉丹道士張太虛、王定乾。如果不是他們惹下什麼彌天大禍，乾隆皇帝哪至於在萬機待理之際對兩個小小的道士大發肝火，並專門發布一道上諭？

疑點之二：乾隆皇帝在這道諭旨中特別強調，雍正皇帝喜好「爐火修煉」確有其事，但只是作為「遊戲」，並沒有吃丹藥。如果真的沒吃丹藥又何必辯解，這不恰是此地無銀三百兩的詔告嗎？

疑點之三：在下令驅逐道士的同一天，乾隆皇帝還告誡宮內太監、宮女不許亂傳「閒話」，免得讓皇太后「心煩」。雍正皇帝剛死，究竟有什麼「閒話」？皇太后為什麼會聽了「心煩」？而又為何不可告人「傳說」？

因此，我們的結論正如那句流傳已久的俗語說的那樣，「冰凍三尺，非一日之寒」。雍正皇帝平時就不注意身體的保養，酒色掏空了身體；再加上他老吃丹藥急火攻心。最後就死了。雍正皇帝死於丹藥，而主持煉丹的張太虛、王定乾等人就是直接導致雍正皇帝死亡的兇手！

不過，還有很多人非常好奇。到底雍正皇帝的頭還在不在？或許將來有一天，在咱們的文物保護科技水準完全能夠勝任的情況下，咱們是不是也能夠打開雍正皇帝陵墓的地宮大門，一看究竟。雍正皇帝之死是清朝的八大疑案之一。說完了雍正皇帝的死亡原因之後，我們這本書就已經到尾聲了。縱使雍正皇帝本人的陰險和好殺使這個王朝罩上了濃重的黑暗。但在經濟上，雍正確實使泱泱中國重新恢復了元氣。於是，在康熙皇帝死後的第十三個年頭，又一個盛世王朝開啟了。在那裡，黑臉的忠臣，紅臉的勇將，白臉的奸佞小人，再次粉墨登場。好戲又要開演啦。

妃嬪們的住處

前面，我們按照《後宮甄嬛傳》的播出順序講解了相關的三十八個問題。其實，還有個問題也是需要我們必須解決的——這就是《後宮甄嬛傳》中妃嬪們的住處問題。

先來說說劇中的太后——也就是雍正皇帝的母親的居住地——永和宮。

永和宮，是紫禁城內廷的東六宮之一，其具體位置，在承乾宮的東邊，景陽宮的南邊。最初建成於大明永樂十八年（一四二〇），那個時候的名字叫做永安宮，直到大明嘉靖十四年（一五三五）才改為永和宮。清軍入關後，於大清康熙二十五年（一六八六）進行了一次大修，乾隆三十年（一七六五）又進行了局部

雍正帝母親居住過的永和宮

修繕，光緒十六年（一八九〇）再次大修。

永和宮在明朝是普通妃嬪的居所，清代的時候才成為后妃的居所——由此可以看出，永和宮直到清朝才被正式確定了所居住人員的身分。

您還別說，電視劇《後宮甄嬛傳》中的太后——歷史上的康熙皇帝的孝恭仁皇后烏雅氏還真是一直居住在永和宮。其實，我們在前面給朋友們介紹過，康熙皇帝的德妃烏雅氏在康熙皇帝生前從來沒有做過一天的皇后，故而，身為康熙皇帝的德妃的她只能住在這裡。

康熙皇帝去世之後，升格為皇太后的烏雅氏搬離了這裡。不過，僅僅半年之後，烏雅氏就離開了人世追隨康熙皇帝去了。

在康熙皇帝的德妃、雍正皇帝的生母烏雅氏之後，這裡還曾經先後居住過道光皇帝的靜貴妃（恭親王奕訢的生母），咸豐皇帝的麗貴人（後因生下了咸豐皇帝的唯一的女兒榮安固倫公主而升格為麗妃）、斑貴人、鑫常在等。光緒皇帝大婚後，這裡又成為了瑾妃的居所。

「碎玉軒」其實是漱芳齋

永和宮為二進院，正門南向，名永和門，前院正殿即永和宮，面闊五間，前接抱廈三間，黃琉璃瓦歇山式頂，簷角安走獸五個，簷下施以單翹單昂五踩斗拱，繪龍鳳和璽彩畫。明間開門，次間、梢間皆為檻牆，上安支窗。正間室內懸乾隆御題「儀昭淑慎」匾，吊白樘箅子頂棚，方磚墁地。東西有配殿各三間，明間開門，黃琉璃瓦硬山式頂，簷下飾鏇子彩畫。東西配殿的北側皆為耳房，各三間。

後院正殿曰同順齋，面闊五間，黃琉璃瓦硬山式頂，明間開門，雙交四扇門四扇，中間兩扇外置風門，次間、梢間檻牆，步步錦支窗，下為大玻璃方窗，兩側有耳房。東西有配殿各三間，明間開門，黃琉璃瓦硬山式頂，簷下飾以鏇子彩畫。院西南角有井亭一座，已改為銅質壓力井。此宮保持明初始建時的格局。

下面再來了解一下甄嬛入宮後先後居住的兩處住所。

先來了解一下甄嬛在做莞常在時和莞貴人、莞嬪時，與淳常在居住的碎玉軒。

說起來，可能會讓所有的電視劇《後宮甄嬛傳》的Fans們失望，因為，您走遍整個紫禁城，也不會找到一個名字叫做「碎玉軒」的居所——也就是說，「碎玉軒」是小說的作者和電視劇的編劇虛構的一個居所。

不過，結合整部電視劇《後宮甄嬛傳》關於「碎玉軒」及其周邊的景色——尤其是裡面的那個戲臺——來看，我們可以推斷，電視劇《後宮甄嬛傳》中的「碎玉軒」其實就是紫禁城裡面的「漱芳齋」！

說到漱芳齋，很多朋友們自然就會覺得：不對啊，漱芳齋？不是電視劇《還珠格格》裡面，小燕子的居所嗎？那個居所不是這樣的啊？

還是讓我來告訴您吧。

漱芳齋位於紫禁城內重華宮東側，原為乾西五所之頭所，始建於大明永樂十八年（一四二〇）。清軍入關後，這裡成為了皇帝未成年子女們日常生活的場所——類似於我們今天所說的幼稚園。電視劇《後宮甄嬛傳》所描述的雍正皇帝時期，當年的少年弘曆，日後的乾隆皇帝，就與雍正皇帝的其他子女們一起，在這裡讀書。

乾隆皇帝繼位後，改乾西二所為重華宮，遂將頭所改為漱芳齋，並建戲臺，作為重華宮宴集演戲之所。

漱芳齋為工字形殿，有前後兩座廳堂，中間有穿堂相連。其中前殿與南房、東西配殿圍成獨立的小院，其間有遊廊相連。前殿面闊五間，進深三間，黃琉璃瓦歇山頂，前簷明間安風門，餘皆為檻窗。室內明間與次間以落地花罩分隔，以楠木製作，十分精細，東次室額曰「靜憩軒」，為乾隆七年（一七四二）御題，是弘曆少時讀書之地。殿前東西配殿各三間，東配殿明間前後皆開門，東出即御花園。院落南房北面接戲臺一座，與漱芳齋前殿相對。戲臺為亭式建築，面闊、進深各三間，檯面九十平方米左右，黃琉璃瓦重簷四角攢尖頂，風格高雅，匾名「升平葉慶」。戲臺上有樓，天花板上設天井，可以放井架轆轤等機械設備，供演神仙劇使用，臺板下有一口大井。為皇宮內僅次於暢音閣大戲臺的一所戲臺，也是宮中最大的單層戲臺，年節時常有演出。

作為乾隆皇帝休息和舉行宴會的地方，乾隆年間，皇帝每歲新正先至西苑闡福寺拈香，而後到漱芳齋開筆書寫福字賜予大臣，以示祝福；逢萬壽節、聖壽節、中元節、除夕等大節和吉日，又常侍奉皇太后在後殿進膳、看戲，並賜宴於王公大臣，以示慶賀。還有，茶宴是清朝皇帝固定在重華宮、漱芳齋舉行的宴會，宴上皇帝和大臣都要圍繞一個主題作詩聯句，從皇帝開始，一人一句詩，聯起來就是一部完整詩篇。道光、咸豐、同治等朝依舊奉皇太后或皇貴太妃等人在此用膳。宣統皇帝遜位後，同治帝瑜妃、瑨妃曾居漱芳齋芝蘭室，遇太妃誕辰日，仍於此處傳戲，直至溥儀被迫「即日出宮」。

清末小朝廷時期，京劇大師梅蘭芳曾應邀入宮，在漱芳齋演戲。一九二二年溥儀結婚時，在此連演了三天戲，梅蘭芳、楊小樓、余叔岩、馬連良、李萬春等名角都被請上了戲臺，例如梅蘭芳演出的是《遊園驚夢》、《霸王別姬》。外面的戲班入宮演戲一般都不帶行頭道具，只帶化妝彩匣，因為這些物品宮裡都有，而且比外面的品質、繡工和樣式都高出一等。宮裡唯一沒有的是《霸王別姬》的劇裝，由梅蘭芳等演員自帶。漱芳齋內最後一次演出是在民國二十年夏，當時某學術團體招待外賓，借用戲臺，請名旦尚小雲等演出了一台《遊園驚夢》。

漱芳齋的後殿名為「金昭玉粹」，面闊五間，進深一間，前簷明間接穿堂與前殿相連，餘皆為檻窗。另有西耳房一間，西配房三間。殿內西梢間修小戲臺一座，面東，為竹木結構，樣式小巧，呈方形亭子式，建於清乾隆年間，是專為皇帝和太后吃飯時演出十五分鐘的小戲而設的，方亭上懸掛著乾隆皇帝書寫的「風雅存」匾額，前簷左右柱上各懸

漱芳齋戲臺

古琴形木製楹聯曰「自喜軒窗無俗韻，聊將山水寄清音」。臺後開小門與西耳房相通。殿之東室額曰「高雲情」，與小戲臺相對，為侍宴觀戲之處。

目前，漱芳齋建築及內裝修均完好，為故宮博物院貴賓接待處，用於國家領導及外國首腦參觀故宮時休息，為遊人不得進入的非開放區。

正是因為漱芳齋的功能在歷史上的諸多次變化，才導致了很多電視劇的編導們對它如此的垂青。不過，需要說明的是，電視劇《還珠格格》裡面的「漱芳齋」的原型是承德避暑山莊裡面的「觀雨樓」，而電視劇《後宮甄嬛傳》中的「碎玉軒」則是橫店影視基地裡面的「漱芳齋」。

下面再來說說甄嬛在出家回宮之後雍正皇帝特為她建造的永壽宮。

永壽宮，是紫禁城內廷的西六宮之一。建於明永樂十八年（一四二〇），初名長樂宮。嘉靖十四年（一五三五）改名毓德宮，萬曆四十四年（一六一六）又更名為永壽宮。大清順治十二年（一六五五）、康熙三十六年（一六九七）、光緒二十三年（一八九七）都曾重修或大修，但仍基本保持明初始建時的格局。

永壽宮為兩進院，前院正殿永壽宮面闊五間，黃琉璃瓦歇山頂。外簷裝修，明間前後簷安雙交四菱花扇門，次間、梢間為檻牆，上安雙交四菱花扇窗。殿內高懸乾隆皇帝御筆匾額「令儀淑德」，東壁懸乾隆《聖制班姬辭輦贊》，西壁懸《班姬辭輦圖》。乾隆六年（一七四一），乾隆皇帝下令，內廷東西十一宮的匾額「俱照永壽宮式樣製造」，自掛起之後，不許擅動或更換。永壽宮正殿有東西配殿各三間。後院正殿五間，東西有耳房，殿前東西亦有配殿各三間。院落東南有井亭一座。

與永和宮一樣，永壽宮在明朝是普通妃嬪的居所，清代的時候才成為后妃的居所——由此可以看出，永壽宮直到清朝才被正式確定了所居住人員的身分。

清軍入關之後，順治皇帝的兩位后妃——廢后靜妃博爾濟吉特氏和宮中唯一的漢族女子恪妃——先後居住在這裡。康熙皇帝在位時，敬敏皇貴妃章佳氏（雍正皇帝的死黨胤祥的生母）在此居住。雍正皇帝死後，乾隆皇帝的母親崇慶皇太后（即雍正皇帝的孝聖憲皇后）搬到了這裡居住。

永壽宮因為距離慈寧宮、養心殿最近，所以屢次作為筵宴場所，在公主下嫁時宴請女眷。乾隆三十七年（一七七二）和碩和恪公主下嫁、乾隆五十四年（一七八九）固倫和孝公主下嫁和珅之子豐紳殷德，均設宴於永壽宮。固倫和孝公主下嫁時，還在此宮設了中和樂器，演奏營造喜慶的氣氛。

嘉慶皇帝在位時期，如妃鈕祜祿氏（嘉慶皇帝最小的兒子綿愉的生母）也曾在此居住。道光中晚期，外侮內患日盛，而朝廷內部一味諱飾，將各疆吏密奏匿於永壽宮。光緒以後，此宮前後殿均設為大庫，收貯御用物件。

再來看看雍正皇帝的溫裕皇后的住所景仁宮。

景仁宮，是紫禁城內廷的東六宮之一，位於東六宮中心位置。建於明永樂十八年（一四二〇），初名長寧宮，嘉靖十四年（一五三五）更名景仁宮。清代沿用明朝舊稱，於順治十二年（一六五五）重修，道光十五年（一八三五）、光緒十六年（一八九〇）先後修繕。

景仁宮為二進院，正門南向，名景仁門，門內有石影壁一座，傳為元代遺物。前院正殿即景仁宮，面闊五間，黃琉璃瓦歇山式頂，簷角安放走獸五個，簷下施以單翹單昂五踩斗拱，飾龍鳳和璽彩畫。明間前後簷開門，次間、

乾隆帝即位為生母鈕祜祿氏建造的壽康宮

梢間均為檻牆、檻窗，門窗雙交四椀菱花槅扇式。明間室內懸乾隆御題「贊德宮闈」匾。天花圖案為二龍戲珠，內簷為龍鳳和璽彩畫。室內方磚墁地，殿前有寬廣月臺。東西有配殿各三間，明間開門，黃琉璃瓦硬山式頂，簷下飾以旋子彩畫。配殿南北各有耳房。

景仁宮後院正殿五間，明間開門，黃琉璃瓦硬山式頂，簷下施以斗拱，飾龍鳳和璽彩畫。兩側各建耳房。殿前有東西配殿各三間，亦為明間開門，黃琉璃瓦硬山式頂，簷下飾旋子彩畫。院西南角有井亭一座。此宮保持明初始建時的格局。

清代，景仁宮居住過的人主要有以下幾位：

康熙皇帝的生母孝康章皇后佟佳氏：孝康章皇后初入宮時為佟妃，之後便一直居住在此宮，之後在順治十一年（一六五四）她在這裡生下了未來的康熙皇帝。正因為如此，此後的景仁宮的主人越來越高貴，景仁宮也隨之高貴起來。

康熙皇帝：康熙皇帝和他的兄長福全感情甚篤，康熙皇帝甚至曾命宮中畫匠，繪製一幅自己和兄長福全共坐桐樹蔭下的畫，以示兩人共老。但在康熙四十二年（一七〇三）福全不幸過世，

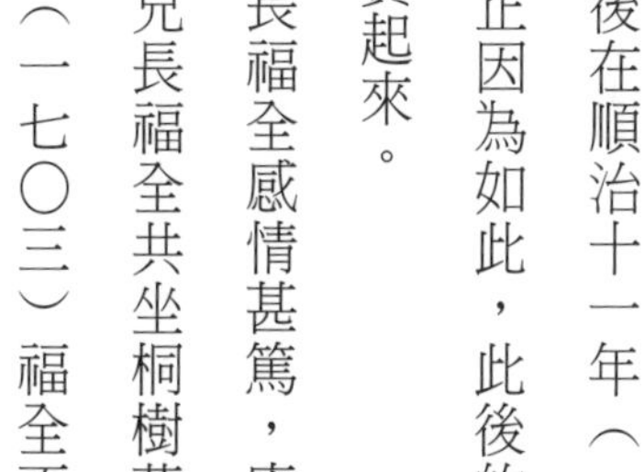

景仁宮

康熙皇帝曾在喪期以哀沉的心情居住於此宮致哀。

雍正皇帝的熹貴妃，乾隆皇帝的生母孝聖憲皇后鈕祜祿氏：雍正皇帝繼位之初，鈕祜祿氏被直接封為熹妃，地位次於烏喇納喇氏皇后、年貴妃、齊妃。但後來隨著年妃、烏喇納喇氏皇后相繼逝世，齊妃之子弘時失帝意，熹妃的地位日漸升高。雍正八年（一七三〇），鈕祜祿氏被晉封為熹貴妃，為雍正朝後期後宮實際統攝者。雍正十三年（一七三五）八月，雍正皇帝逝世。其子弘曆登基，是為乾隆皇帝。以雍正皇帝遺命尊鈕祜祿氏為皇太后，徽號崇慶皇太后。

咸豐皇帝的婉貴妃索綽洛氏：婉貴妃在咸豐四年（一八五四）十二月入宮後，直至光緒二十年（一八九四）去世為止，一直都住在此宮，她生前並未留下任何值得記錄的事蹟，也未曾生育過子女。

光緒皇帝的珍妃他他拉氏：珍妃在光緒十四年（一八八八）和姐姐瑾妃一同被選入宮中，而在次年元月入宮直至光緒二十六年（一九〇〇）被慈禧下令沉入井中溺亡為止，都住在這所宮院，因此這所宮院是珍妃一生中最為重要的宮院。

知道了吧，雍正皇帝的皇后並沒有居住在景仁宮。

這回咱們該看看華妃（歷史上雍正皇帝的敦肅皇貴妃年氏）居住的翊坤宮了。

與永壽宮一樣，翊坤宮也是紫禁城內廷的西六宮之一，是明清兩代后妃居住的地方。翊坤宮於大明永樂十五年（一四一七）建成。始稱萬安宮，明嘉靖時改稱翊坤宮，清沿用明朝舊稱。清朝曾多次修繕翊坤宮，清朝末年，翊坤宮後殿被改成穿堂殿曰體和殿，東西耳房各改一間為通道，使翊坤宮與儲秀宮相連，形成四進院的格局。翊坤宮正殿面闊五間，黃琉璃瓦歇山頂，前後出廊。簷下施斗拱，樑枋飾以蘇式彩畫。門為萬字錦底、五蝠捧壽裙板槅扇門，窗為步步錦支摘窗，飾萬字團壽紋。明間正中設地平寶座、屏風、香几、宮扇，上懸慈禧御筆「有容德大」匾。東側用花梨木透雕喜鵲登梅落地罩，西側用花梨木透雕藤蘿松纏枝落地罩，將正間與東、西次間隔開，東西次間與梢間用隔扇相隔。殿前設「光明盛昌」屏門，台基下陳設銅鳳、銅鶴、銅爐各一對。溥儀遜帝時曾在正殿前廊下安設秋千，現秋千已拆，秋千架尚在。東西有配殿曰延洪殿、元和殿，均為三間黃琉璃瓦硬山頂建築。後殿體和殿，清晚期連通儲秀宮與翊坤宮時，將其改為穿堂殿。面闊五間，前後開門，後簷出廊，黃琉璃瓦硬山頂。亦有東西配殿，前東南有井亭一座。

康熙皇帝在位時期，其寵妃宜妃郭絡羅氏（康熙皇帝之子胤祺、胤禟、胤禌三人的生母）曾長住此宮。雍正皇帝在位時期，其寵妃敦肅皇貴妃年氏（就是電視劇《後宮甄嬛傳》中的華妃）自從入宮一直到去世，一直居住在此宮中。乾隆皇帝時期，其寵妃敦妃汪氏（乾隆皇帝最小的女兒固倫和孝公主的生母）也居住在此宮中。嘉慶皇帝時期，安嬪蘇完尼瓜爾佳氏也曾居住在此宮中。清朝末年，慈禧太后居住在儲秀宮時，每逢重大節日，也都要在翊坤宮接受妃嬪們的朝拜。光緒皇帝選妃，也在此舉行。

下面再來說說惠妃沈眉莊和敬妃馮若昭二人居住過的咸福宮。

翊坤宮

與前面介紹過的永壽宮和翊坤宮一樣，咸福宮也是紫禁城內廷的西六宮之一，是明清兩代后妃居住的地方。咸福宮建於明永樂十八年（一四二〇），初名壽安宮。嘉靖十四年（一五三五）更名為咸福宮。清沿明朝舊稱，大清康熙二十二年（一六八三）重修，光緒二十三年（一八九七）又加修整。

咸福宮為兩進院，正門咸福門為黃琉璃瓦門，內有四扇木屏門影壁。前院正殿額曰「咸福宮」，面闊三間，黃琉璃瓦廡殿頂，形制與西六宮其他五宮不同，與東六宮相對稱位置的景陽宮形制相同。殿內東壁懸乾隆皇帝《聖制婕妤當熊贊》，西壁懸《婕妤當熊圖》。山牆兩側有卡牆，設隨牆小門以通後院。前有東西配殿各三間，硬山頂，各有耳房數間。咸福宮後院正殿名「同道堂」，面闊五間，硬山頂，東西各有耳房三間。前簷明間安扇門，設簾架，餘間為支摘窗；後簷牆不開窗。室內設落地罩隔斷，頂棚為海墁天花。殿內東室匾額為「琴德簃」，曾藏古琴；西室「畫禪室」，所貯王維《雪溪圖》、米之暉《瀟湘白雲圖》等畫卷都是董其昌畫禪室舊藏，室因此而得名。同道堂亦有東西配殿，堂前東南有井亭一座。

咸福宮前殿為行禮升座之處，後殿為寢宮。明朝在此居住過的比較有名的后妃有萬曆皇帝的寵妃李敬妃。乾隆年間，改此宮為皇帝偶爾起居之處。嘉慶四年（一七九九）正月，乾隆皇帝去世，嘉慶皇帝住於咸福宮守孝，下令不設床，僅鋪白氈、燈草褥，以此宮為苫次，同年十月才移居養心殿。此後，

咸福宮

咸福宮一度恢復為妃嬪居所。道光皇帝時期，莊順皇貴妃（道光皇帝的七子奕譞、八子奕詥、九子奕譓三人之生母，奕譞的大福晉為慈禧胞妹，奕譞的二子就是後來的光緒皇帝，奕譞的五子就是後來的清廢帝溥儀的父親載灃）、成貴妃、彤貴妃、常妃等都曾在此居住。道光三十年（一八五〇），咸豐皇帝居住於咸福宮為道光皇帝守孝，守孝期滿後仍經常在此居住。

至於《甄嬛傳》中提到的惠妃沈眉莊一度居住過的存菊堂，在紫禁城的宮殿中並沒有這個名稱。倒是蘇州大學裡面有個建成於一九九四年的建築物，叫做「存菊堂」。這個「存菊堂」，是美藉華人楊存國先生及朱菊萍女士夫婦倆姓名中各取一字而命名，由東吳老校友趙樸初書寫的。

現在該輪到介紹鸝妃安陵容居住的延禧宮了。

與景仁宮一樣，延禧宮是紫禁城內廷的東六宮之一，位於東二長街東側。建於明永樂十八年（一四二〇），初名長壽宮。嘉靖十四年（一五三五）改稱延祺宮。清代又改名為延禧宮，康熙二十五年（一六八六）重修。明清兩朝均為妃嬪所居，乾隆皇帝的第三個皇后孝儀純皇后魏佳氏（乾隆皇帝十四子永璐、乾隆皇帝十五子顒琰——嘉慶皇帝、乾隆皇帝十六子、乾隆皇帝十七子永璘的生母），道光皇帝之恬嬪、成貴人曾先後在此居住。

延禧宮原與東六宮其他五宮格局相同，為前後兩進院，前院正殿五間，黃琉璃瓦歇山頂，室內懸乾隆皇帝御筆匾曰「慎贊徽音」，東壁懸乾隆《聖制曹后重農贊》，西壁懸《曹后重農圖》。殿前有東西配殿各三間。後院正殿五間，亦有東西配殿各三間，均為黃琉璃瓦硬山頂。

道光二十五年（一八四五）延禧宮起火，燒毀正殿、後殿及東西配殿等建築共二十五間，僅餘宮門。同治十一年（一八七二）曾提議復建，但未能實現。宣統元年（一九〇九），在端康太妃（光緒皇帝的瑾妃）主持下，在延禧宮原址興工修建一座三層西洋式建築——水殿。當時對這座西洋宮殿的設想是：水殿的牆壁隔著兩層玻璃，玻璃夾層裡注水養魚，在建築外面也注水養魚，環以假山相繞。主樓每層九間，底層四面當中各開一門，四周環以圍廊。水殿的四角各接三層六角亭一座，底層各開兩門，分別與主樓和迴廊相通。可惜，水殿還沒有修築好，清王朝就覆滅了，所以，就留下了這座皇宮中的第一座鋼筋水泥建築的西洋爛尾樓，俗稱「水晶宮」。

現在介紹的是端妃居住的延慶殿。

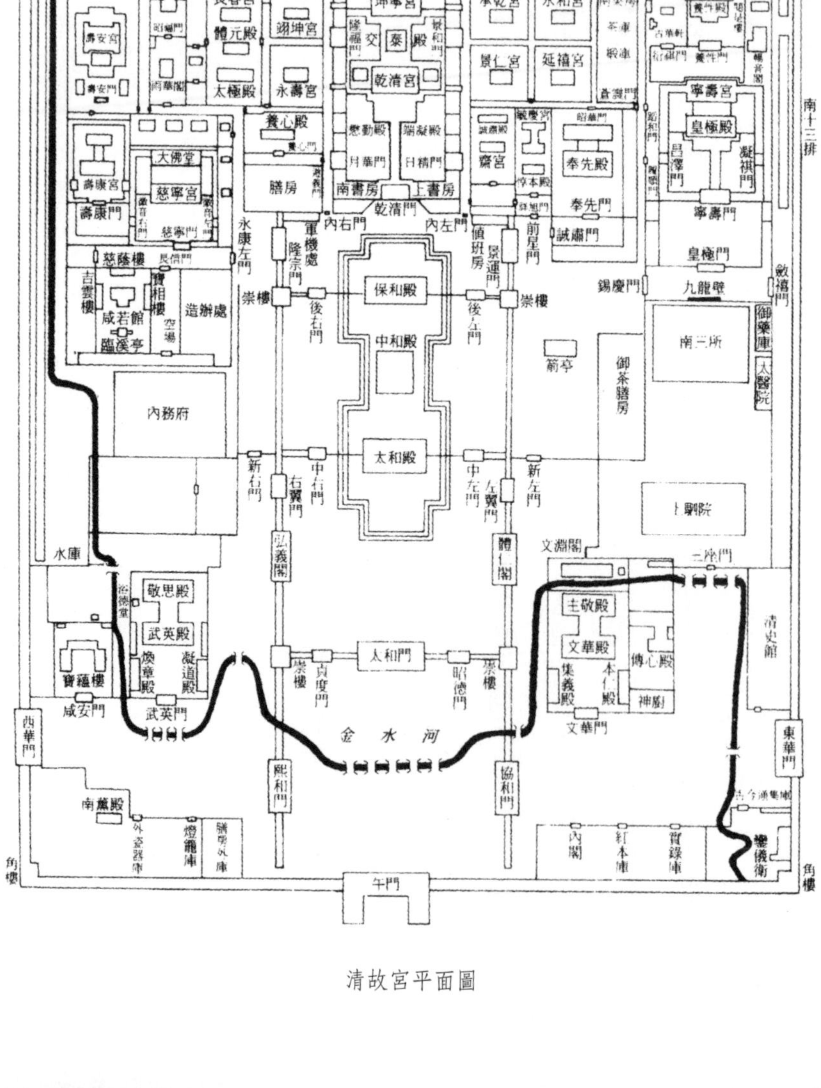
角樓
神武門
角樓
城隍廟
西鐵門
順貞門
鐵門
貞順門
西花園舊址
重華宮
廚房
英華殿
欽安殿
御花園
乾清宮東五所
英華門
中正殿
舊址
寶華殿
咸福宮
儲秀宮
體和殿
鍾粹宮
景陽宮
北十三排
長春宮
翊坤宮
坤寧門
坤寧宮
承乾宮
永和宮
壽安宮
體元殿
交
泰
殿
乾清宮
景仁宮
延禧宮
太極殿
永壽宮
寧壽宮
南十三排
皇極殿
養心殿
懋勤殿
端凝殿
毓慶宮
奉先殿
大佛堂
慈寧宮
壽康宮
壽康門
月華門
日精門
齋宮
膳房
南書房
上書房
凝祺門
乾清門
奉先門
慈寧門
內右門
內左門
寧壽門
永康左門
軍機處
隆宗門
值班房
景運門
前星門
誠肅門
皇極門
慈蔭樓
長信門
吉雲樓
寶相樓
咸若館
臨溪亭
造辦處
崇樓
保和殿
崇樓
錫慶門
九龍壁
斂禧門
後右門
後左門
中和殿
御藥庫
南三所
箭亭
御茶膳房
太醫院
內務府
新右門
中右門
太和殿
中左門
新左門
右翼門
左翼門
上駟院
弘義閣
體仁閣
水庫
文淵閣
三座門
敬思殿
武英殿
浴德堂
主敬殿
文華殿
清史館
太和門
煥章殿
凝道殿
崇樓
貞度門
昭德門
崇樓
集義殿
本仁殿
傳心殿
神廚
寶蘊樓
咸安門
武英門
西華門
金水河
文華門
東華門
熙和門
協和門
南薰殿
外瓷器庫
燈籠庫
內閣
紅本庫
實錄庫
鑾儀衛
角樓
午門
角樓

清故宮平面圖

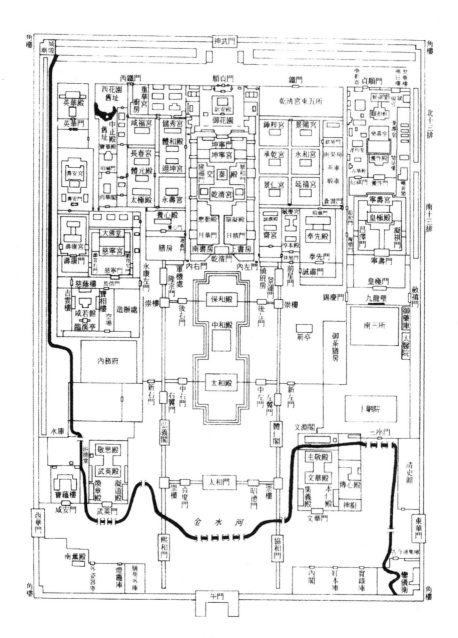

延慶殿是紫禁城中的一座小殿，位於雨花閣東側，面闊三間，卷棚歇山頂，前有延慶門，門外有東西配殿各五間，南為宮垣，是個死胡同。進入延慶殿一是從雨花閣院落東北角小門進，或者從太極殿院落西南角小門進入，西可通雨花閣東配樓，東可通太極殿，立春時，皇帝在這兒九叩迎春為民祈福。延慶殿北出廣德門，是一片樹林，北端接建福宮。該殿現在不開放，為紫禁城中資料最少的宮殿之一。

下面介紹的是齊妃居住的長春宮。

與前面介紹過的永壽宮、翊坤宮和咸福宮一樣，長春宮也是紫禁城內廷的西六宮之一，是明清兩代后妃居住的地方。長春宮建於大明永樂十八年（一四二〇），初名長春宮，嘉靖十四年（一五三五）改稱永寧宮，萬曆四十三年（一六一五）復稱長春宮。大清康熙二十二年（一六八三）重修，後又多次修整。咸豐九年（一八五九）拆除長春宮的宮門長春門，並將太極殿後殿改為穿堂殿，咸豐帝題額曰「體元殿」。長春宮、啟祥宮兩宮院由此連通。

長春宮為黃琉璃瓦歇山式頂，前出廊，明間開門，隔扇風門，竹紋裙板，次間、梢間均為檻窗，步步錦支窗。明間設地屏寶座，上懸乾隆皇帝御筆所題的「敬修內則」匾。左右有簾帳與次間相隔，梢間靠北設落地罩炕，為寢室。殿前左右設銅龜、銅鶴各一對。東配殿曰綏壽殿，西配殿曰承禧殿，各三間，前出廊，與轉角廊相連，可通各殿。廊內壁上繪有以《紅樓夢》為題材的巨幅壁畫，屬清晚期作品。長春宮南面，即體元殿的後抱廈，為長春宮院內的戲臺。東北角和西北角各有屏門一道，與後殿相通。長春宮後殿為怡情書室，與長春宮同期建成，面闊五間，東西各有耳房三間。東配殿曰益壽齋，西配殿曰樂志軒，各三間。後院東南有井亭一座。長春宮是明清兩代后妃居住的宮殿。明代天啟皇帝的妃子李氏，曾居住在此宮。清代，康熙皇帝的僖嬪赫舍里氏、雍正皇帝的謙妃劉氏（雍正皇帝的最小的兒子、後來過繼給果親王允禮的被稱為「圓明園阿哥」的弘瞻的生母）、乾隆皇帝的第一個皇后孝賢純皇后富察氏（端慧皇太子永璉、哲親王永琮二人的生母）和聞名中外的慈禧太后（同治皇帝的生母）都曾在這裡住過。孝賢純皇后的東珠頂冠、東珠、朝珠等件，都曾在這裡陳設布展。

長春宮廊廡的四面牆壁上，繪有十幾幅以《紅樓夢》為題材的一組大壁畫，有的是「怡紅院」，有的是「瀟湘館」，有的是賈母逛大觀園等。繪製的人物栩栩如生，亭臺樓閣等景物，富有立體感。布局結構，巨麗精整，畫筆精細，典雅清秀，顯示晚清時期畫師們的精湛藝業和深厚功力。

下面介紹的是寧貴人葉瀾依的住所春禧殿。

要介紹春禧殿，先得介紹壽安宮——因為春禧殿是壽安宮第一進院的正殿。

壽安宮位於內廷外西路壽康宮以北，英華殿以南。始建於明代，初名咸熙宮，嘉靖四年（一五二五）改稱咸安宮。雍正年間在此興辦咸安宮官學，乾隆十六年（一七五一）咸安宮官學移出。同年，乾隆皇帝為慶賀皇太后六十壽誕，將此宮修葺一新後改稱壽安宮。乾隆二十五年（一七六〇），為皇太后七十聖壽慶典，在院中添建一座三層大戲臺。嘉慶四年（一七九九）將戲臺拆除，扮戲樓改建為春禧殿后卷殿。

壽安宮南北長一百零七米，東西寬七十八米，總占地面積八千四百平方米，前後分為三進院落，東西各有跨院。正門壽安門為隨牆琉璃門三座，當中門內設四扇木屏門照壁，上覆黃琉璃瓦頂。第一進院正殿為春禧殿，舊建築何時被毀不詳，現有建築為一九八九年重建。此殿南向，面闊五間，黃琉璃瓦單簷歇山頂，明間開門，其餘為檻窗。殿左右闢穿堂門，與第二進院相通。中院正殿壽安宮面闊五間，進深三間，黃琉璃瓦歇山頂，明間退進一間，設步步錦槅扇門四扇，次間、梢間設檻窗。後簷明間開門，次間、梢間設檻窗。殿兩側山牆各出轉角延樓，環抱相屬，向南與春禧殿后卷殿兩山相連。壽安宮後為第三進院，院中疊石為山，東西各有三開間小殿，名為福宜齋、萱壽堂。

壽安宮是皇太后及太妃、嬪等人的居所。明代仁聖太后、天啟年間乳媪客氏曾在此居住。乾隆年間，孝聖憲皇太后六十及七十歲聖壽節，乾隆皇帝都親率皇后、皇子、皇孫等人至此跪問起居，進茶侍膳，於堂前跳「喜起舞」賀壽，並於宮中設宴，王公、大臣及王妃、公主分坐於東西兩側延樓中，陪同賞戲。

一九二五年故宮博物院成立後，壽安宮被闢為故宮圖書館，沿用至今。

最後剩下的，就是祺嬪和欣貴人居住的儲秀宮了。

儲秀宮內設

與前面介紹過的永壽宮、翊坤宮、和咸福宮和長春宮一樣，儲秀宮也是紫禁城內廷的西六宮之一，是明清兩代后妃居住的地方。儲秀宮建於大明永樂十八年（一四二〇），初名壽昌宮，嘉靖十四年（一五三五）更名儲秀宮。清朝沿明朝舊稱，順治十二年（一六五五）重修。

儲秀宮為單簷歇山頂，面闊五間，前出廊。簷下斗拱、樑枋飾以蘇式彩畫。東西配殿為養和殿、緩福殿，均為面闊三間，硬山頂建築。後殿麗景軒面闊五間，單簷硬山頂，東、西配殿分別為鳳光室、猗蘭館。

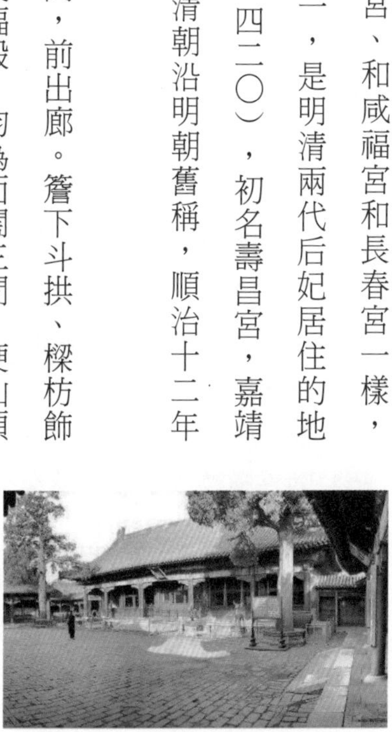
儲秀宮外景

咸豐二年（一八五二）慈禧剛進宮被封為蘭貴人時，曾在這裡居住。咸豐六年（一八五六）三月升為懿嬪的慈禧，在這裡生下了同治皇帝。光緒十年（一八八四）已居長春宮的慈禧太后，為慶祝五十歲生日，移居此宮，並重修宮室，耗費白銀六十三萬兩。院內遊廊牆壁上的題詞，即當時大臣為慈禧祝壽的《萬壽無疆賦》。

至於余鶯兒、康常在、麗嬪、曹貴人等人居住在何方，因為電視劇《後宮甄嬛傳》中並沒有具體表述，這裡就略過不提了。

好書推薦

【本書簡介】

還原歷史真相・走出戲說誤區

中國后妃是統治階級中一個特殊階層，本書以客觀的角度，講述大清王朝近三百年歷史中十二位有代表性的后妃生平事蹟，她們當中有人賢德、有人奸佞、有人剛強、有人軟弱、有人善終、有人下場悲慘……

大妃阿巴亥是如何下嫁努爾哈赤，努爾哈赤死後又是為何殉葬？

孝莊文皇后大玉兒，一個花樣年華的少女為何與姑姑同侍皇太極，而後又如何保住兒子順治的帝位，順治死後輔佐康熙除鼇拜、平三藩創建了康熙盛世。

香妃，維吾爾族女子，本名伊伯爾罕。容妃為其封號，她是如何由數千里外的雪原來到繁華的京城，進入神秘的皇宮，進而得到乾隆恩寵享盡榮華。

慈安皇太后，咸豐皇后，咸豐死後同治登基，皇帝年幼與慈禧共同垂簾聽政，後與慈禧交惡，在政治鬥爭下成了犧牲品，死因成謎。

慈禧，一個掌握中國政壇近半世紀的女人，憑藉著高超的政治手腕，兩度垂簾聽政，獨攬大權，抗拒改革，一生極盡奢華，但也因此加速了清王朝的敗亡。

好書推薦

【本書簡介】

三國時代從東漢末年算起，長不過百年，卻英雄紛起，豪傑遍地。一代風流才子蘇東坡迎風高唱：「大江東去，浪淘盡，千古風流人物。」

雖然三國是漢末唐初三百年天下大亂的開始，但畢竟就整個歷史發展階段而言，三國處在了歷史上升時期。三國是亂世，不過卻亂得精彩，因此三國熱自然就歷久不衰。

也許是受到了《三國演義》的影響，我們心中的那個近乎完美的三國，更多的是指西元184年東漢黃巾起義以來，到西元234年諸葛亮病逝五丈原，這五十年的精彩歷史。尤其是東漢末年那二十多年時間，幾乎包攬了三國歷史最精華的部分。比如孫策平江東、官渡之戰、三顧茅廬、赤壁之戰、借荊州、馬超復仇、劉備入蜀，失荊州、失空斬、星落五丈原等。

其實要從嚴格意義上來講，三國真正開始於西元220年曹丕代漢稱帝，曹操、孫策、袁紹、呂布、劉表、荀彧、荀攸、龐統、法正、郭嘉、周瑜、魯肅、呂蒙、關羽都是東漢人。

三國之氣勢，足以傾倒古今，嘗臨江邊，沐浩蕩之風煙，歎一身之微渺；慕鳥魚之暢情，悲物事之牽錮。滾滾長江東逝水，浪花淘盡英雄……

紀連海說甄嬛 / 紀連海著. -- 一版.-- 臺北市：大地, 2012.12
面：　公分. --（History：54）
ISBN 978-986-6451-59-1（平裝）
1. 清史　2. 通俗史話
627.09　　101024210

紀連海說甄嬛

作　　者	紀連海
發 行 人	吳錫清
主　　編	陳玟玟
出 版 者	大地出版社
社　　址	114台北市內湖區瑞光路358巷38弄36號4樓之2
劃撥帳號	50031946（戶名　大地出版社有限公司）
電　　話	02-26277749
傳　　眞	02-26270895
E - mail	vastplai@ms45.hinet.net
網　　址	www.vastplain.com.tw
美術設計	普林特斯資訊股份有限公司
印 刷 者	普林特斯資訊股份有限公司
一版一刷	2012年12月

HISTORY 054

大地

定　　價：250元